KB263969

시대를 아파한 조선 선비의 청국 기행

북학의

북학의

시대를 아파한 조선 선비의 청국 기행

초판 1쇄 인쇄 2003년 3월 10일
초판 15쇄 발행 2021년 8월 1일

지은이　박제가
옮긴이　박정주
펴낸이　이영선

편집　이일규 김선정 김문정 김종훈 이민재 김영아 김연수 이현정 차소영
디자인　김회량 이보아
독자본부　김일신 정혜영 김민수 박정래 손미경 김동욱

펴낸곳 서해문집 | 출판등록 1989년 3월 16일 (제406-2005-000047호)
주소 경기도 파주시 광인사길 217 (파주출판도시)
전화 (031)955-7470 | 팩스 (031)955-7469
홈페이지 www.booksea.co.kr | 이메일 shmj21@hanmail.net

ISBN 978-89-7483-173-8　03900

오래된 책방 01

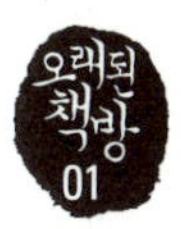

시대를 아파한 조선 선비의 청국 기행

북학의

박제가 지음 · 박정주 옮김

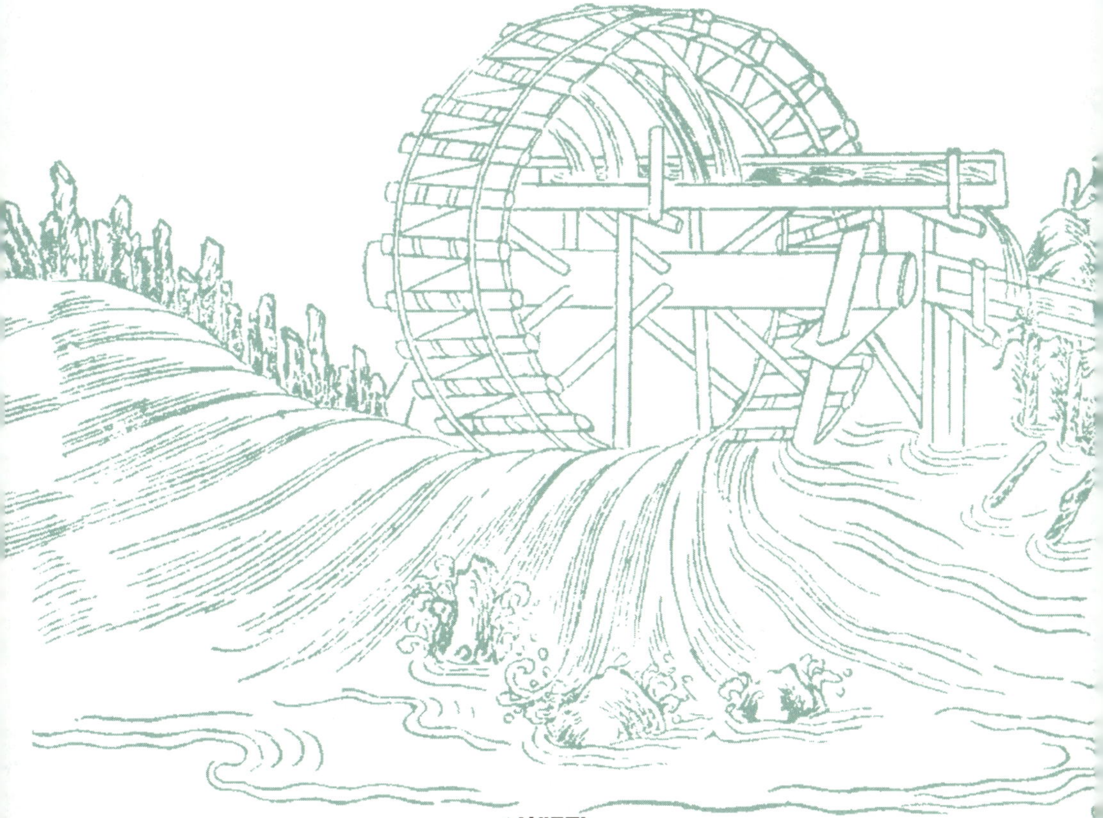

서해문집

이항복

"신라의 향가를 한 수라도 제대로 외우고 있는 학생이 있으면 손을 들라." 필자의 대학교 교양 국어 첫 시간에, 교수님의 첫 마디가 이와 같았다. 그때 손을 든 학생은 거의 없었고, 이어 교수님의 일갈이 이어졌다. "신라의 향가는 우리나라 고전 문학의 꽃이다. 소위 인문학부에 다닌다는 대학생들이 향가 한 수 제대로 외우지 못한다는 것은 실로 부끄러운 일이다." 그 후로 한동안, 우리는 현존하는 모든 향가에 관한 조사와 발표로 이어지는 힘겨운 숙제를 감당해야만 했다.

서양에서는 고전 강독이 초등학교 시절부터 효과적으로 이루어진다고 한다. 우리처럼 교과서에 작가나 작품 이름을 나열하는 것이 아니라 원전原典을 직접 읽도록 한다. 고전을 '설명' 하는 것이 아니라 '경험' 하게 하는 것이다. 반면 우리는 대학 입시만 끝나면, 고전은 단지 추억 속의 암기 과목일 뿐이다. 성인이 되어서도 고전을 지겹고 따분한 것으로 인식하는 이유이다.

원인 제공에 있어서는 번역의 문제도 자유로울 수 없다. 고전에 대한 번역 작업은 그 동안 줄기차게 이어져 왔다. 그러나 대부분의 경우, 원문에 너무 충실한 나머지 일반인들이 이해하기에는 어려운 단어와 문체로 되어 있다. 정확하고 객관적인 번역은 전문 연구자들에게는 크게 도움이 되겠지만 일반인들에게는 난해하기 그지없다.

책의 내용이 한눈에 들어오지 않으면 손에서 책을 놓게 마련이다. 이런 경험을 몇 번만 겪게 되면 다시는 그런 종류의 글을 읽으려 하지 않는다. 짜증나는 경험을 반복하고 싶지 않기 때문이다. 고전의 경우가 대표적이다. 따라서 청소년들이 고전을 멀리하는 것도 그들의 탓만은 아니다.

박제가의 『북학의』도 고전의 반열에 드는 것이다. 여기서 실학이 우리 역사에서 차지하는 비중을 말하는 것은 새삼스러운 일이다. 실학은 몇 개의 학파로 나뉘기도 하는데, 그 중 박제가는 이른바 이용후생利用厚生의 중상학파로 분류된다. 이들은 상공업 발달의 중요성을 역설하는 한편, 북쪽의 학문, 즉 청나라의 학문을 적극적으로 받아들여야 한다고 주장했다. 그래서 특별히 이들을 '북학파北學派'라 부르기도 하는데, 이 명칭은 박제가의 『북학의』에서 따온 말이다.

따라서 18세기의 실학을 이해하기 위해서는 『북학의』를 반드시 읽어야 한다고 해도 지나친 말이 아니다. 더불어 '개혁'이 항상 화두가 되는 오늘날에도 시사하는 바가 크다. 고전으로서의 필요충분 조건을 완비한 셈이다.

『북학의』는 한학자 이익성李翼成 선생에 의해 처음으로 완역되었는데

「『북학의』 1971년, 을유문고 51권|, 매우 치밀하고 정확한 번역으로 필자에게도 큰 도움이 되었다. 그러나 앞에서 언급했듯이 문체가 옛스러워 요즘의 청소년들이나 일반인들이 읽기에는 다소 어려운 형편이다. 또한 번역에 있어 보완해야 할 점도 상당했다. 그 후 단편적이고 부분적인 소개가 있었지만 박제가 사상의 편린을 살피는 데 도움이 될 뿐, 『북학의』 전체를 완역한 것은 아니었다. 이것이 필자가 『북학의』를 청소년이나 일반인들도 이해하기 쉽게 완역해 보고 싶었던 이유이다.

또한 요즘은 국사 교육도 멀티미디어 수업과 함께 사료를 직접 읽어 보는 것이 중요한 수업 방법이 되었다. 많은 교사들에 의해 학습 자료로 사용할 수 있는 사료가 소개되고 있지만 아직은 부분적인 느낌이 든다. 평소에 필자도 교사로서 이러한 추세에 작은 도움이 되고 싶었는데, 마침 서해문집이 국역 시리즈를 출간한다 하여 『북학의』로 참여하게 되었다.

이제 『북학의』를 다시 세상에 내놓는다. 보다 많은 독자들이 고전의 향기를 조금이라도 맛보았으면 하는 것이 필자의 바람이다. 원고가 마감될 때까지 오랫동안 기다려 주고 도와준 서해문집의 편집진에게 감사드린다.

2003년 2월 박정주

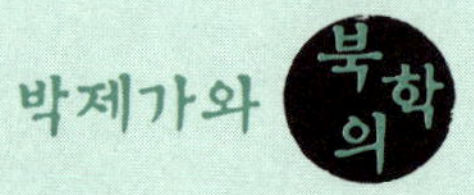

박제가와 북학의

박제가가 『북학의』를 저술한 것은 1778년|정조2|, 그의 나이 29세 때였다. 그는 사은사謝恩使 채제공을 따라 이덕무李德懋와 함께 중국을 다녀와서 『북학의』「내·외편」을 저술하였다. 『북학의』의 내용으로 보아, 이때 그가 받은 문화적 충격이 상당했던 것 같다. 그가 본 청나라는 조선의 일반 사대부들이 생각했던 옛날의 그 오랑캐가 아니었던 것이다. 그는 청나라의 학문과 문물을 적극적으로 받아들이자고 주장한다. 아마 그 주된 이유는 당시의 조선 백성들이 겪고 있던 가난 때문이었을 것이다.

백성이 가난한데, 지배자들이 아무리 높은 성리학적 이상을 갖고 있다 한들 무슨 소용이 있겠는가? 박제가의 모든 관심은 백성들이 가난에서 벗어나는 일이었다. 그러기 위해서는 가난을 대물림하게 하는 각종 사회적 부조리를 제거해야만 했다.

정조는 1779년|정조3|에 박제가, 이덕무, 유득공柳得恭, 서리수徐理修 등 서얼들을 규장각奎章閣 검서관檢書官으로 발탁했다. 박제가는 정조의 이러한 파격적 인사 정책에 힘입어 관리로서 그의 이상을 하나하나 실현해 나가려 했다. 그래서 따로 「진북학의進北學議」를 상소문 형식으로 작성하여 왕에게 올려 개혁의 추진을 호소하였던 것이다. 비록 보수적인 집권 세력에 의해 그의 뜻이 제대로 실현되지는 않지만 그가 추구한 개혁의 방향은 오늘날의 관점에서 보아도 놀라운 것이다. 시대를 너무 앞

서 나갔다고 그를 탓할 수는 없을 것이다.

또한 그의 관심은 상공업 분야에만 그친 것이 아니었다. 『북학의』는 오히려 농업서로 더 알려져 있다. 그뿐만이 아니다. 그는 기와·여자옷·문방구·된장 등 당시 일반 백성의 사회사라고 불러도 좋을 만한 분야에 다양한 관심을 보여 준다.

한편, 당시 박제가는 관리나 학자 이전에, 문학가로서 이미 그 명성이 널리 알려져 있었다. 그는 아직 관리가 되기 이전인 1776년|영조52, 27세에 이덕무, 유득공, 이서구李書九 등과 합작하여 시집 『건연집巾衍集』을 출간하였다. 이 책이 청나라에 소개되자, 그곳에서는 이들을 조선의 시문사대가詩文四大家라고 불렀다. 다재다능했던 그의 일면을 볼 수 있는 것이다.

필자는 한문학에는 문외한이나 다름없다. 그러나 한국사를 공부하던 시절에 사료를 접해 본 경험으로 최대한 정확한 번역이 되도록 노력하였다. 이를 위해 기존에 출간된 『북학의』 원문을 모두 대조하여 빠진 부분이 없도록 하였다.

현재까지 간행된 『북학의』의 원문 대본은 국사편찬위원회가 간행한 『정유집貞蕤集』|1974년|과 한국학문헌연구소에서 간행한 『농서農書』 제6권 |아세아문화사, 1981년|에 들어 있다. 『정유집』은 박제가의 시문詩文을 모아

놓은 것으로, 여기에 『북학의』가 합본되어 있다. 『농서』는 서울대학교 도서관이 소장하고 있는 필사본筆寫本을 간행한 것인데, 박지원의 『과농소초課農小抄』와 합간되었다.

위의 두 책은 편집과 내용 면에서 몇 가지 차이가 있다. 따라서 본서는 이 두 책을 서로 보완하여 편집하였다.

첫째, 『정유집』은 전체를 내편과 외편으로 나누고 진북학의를 외편 말미에 부가해 놓았다. 반면에 『농서』는 진북학의를 내외편과 함께 독립된 편명으로 나누었다. 그런데 내편과 외편 사이에 진북학의를 넣은 점이 특이했다. 그런데 「내편」·「외편」은 정조 2년|1778|에, 「진북학의」는 정조 23년|1799|에 각각 저술되었다. 따라서 본서는 저술 연도를 기준으로 하여 「내편」·「외편」·「진북학의」 순으로 편성되었다.

둘째, 내용에 있어서 두 책 모두 생략된 부분이 있다. 예를 들어 '과거 제도에 대하여[科擧論]'나 '북학에 대한 변론[北學辨]'의 경우는 『정유집』과는 달리 『농서』에는 전문 중 일부가 생략되어 있다. 반면에 외편의 '병오년에 올리는 글[丙午所懷]'과 진북학의의 '배, 그 네 가지 이치[船四則]'는 『정유집』에는 없고 『농서』에는 실려 있다. 이에 본서는 두 책에서 각각 빠진 부분을 모두 회복하여 놓았다.

셋째, 「외편」의 항목 중 일부는 「진북학의」에 그대로 실려 있다. 이는 박제가가 「진북학의」를 지을 때, 「외편」의 내용 일부를 그대로 옮겨 놓았기 때문이다. '밭[田]', '나라의 재물[財賦論]' 등이 그러하다. 이런 경우에 본서는 외편의 해당 소제목 밑에, 내용은 "진북학의 편에 있다."라는 안내글을 역자 임의로 달아 놓았다. 이는 진북학의가 외편 다음에 편성되어 있기 때문이다. 따라서 외편에 소제목만 있고 내용이 없는 경우는 뒤에 있는 「진북학의」 편에 그 내용이 실려 있는 것이다.

넷째, 가능한 한 많은 역주를 달아 내용의 이해에 도움이 되고자 했다. 이를 위해 삽화나 사진도 넣었으나 자료의 부족으로 충분하지는 않았다. 이는 『북학의』에 당시 중국의 문물제도에 관한 내용이 많이 수록되어 있어, 현재로서는 그 당시의 정확한 모습을 재현하기가 어렵기 때문이다.

일러두기

1. 이 책의 외국어 표기는 표준국어 대사전에 따른 외래어 표기법을 기준으로 하였습니다.
   다만, 일부 고유명사는 가급적 원어 발음에 가깝게 음사하였으며, 널리 통용되고 있는 일부 고유명사는 관용에 따랐습니다.
2. 주는 역자의 주와 편집자의 주를 함께 달았으며, ●은 단어, ✳은 문맥에 대한 주입니다.
3. 서명은 『 』으로, 편명이나 시, 논문 등은 「 」으로 표기하였습니다.
4. 본문 중에 ( ) 안의 글은 박제가가 직접 쓴 원주原註입니다.

【 차례 】

1.

나는 어릴 때부터 최치원崔致遠*과 조헌趙憲*의 인격을 존경하여, 비록 세대는 다르지만 그 분들의 뒤를 따르고 싶었다. 최치원은 당나라에서 진사進士 벼슬을 한 후 본국으로 돌아왔다. 그는 신라의 풍속을 혁신시켜 중국보다 앞서고자 하였다. 그러나 때를 잘못 만나 끝내는 가야산伽倻山에 들어가 숨어 살았는데 어떻게 생을 마쳤는지는 알 수 없다. 조헌은 질정관質正官*으로 북경*에 다녀온 후 온 힘을 기울여 『동환봉사東還封事』*를 저술하였다.

그들은 모두 다른 사람을 통해 나를 깨우치고 훌륭한 것을 보면 자신도 그것을 실천하려 했다. 또한 중국의 제도를 이용하여 오랑캐 같은 풍습을 변화시키려고 애썼다. 압록강 동쪽에서 천여 년간 이어져 내려오는 동안, 이 조그마한 모퉁이를 변화시켜서 중국과 같은 문명에 이르게 하려던 사람은 오직 이 두 사람뿐이었다.

최치원(857~?) 호는 고운孤雲. 통일 신라 말기의 대표적 지식인. 당나라 '황소의 난' 때 지은 「토황소격문」은 명문으로 유명하다. 신라에 돌아와 개혁안(시무책)을 제시하였으나 실현되지 않은 데다, 6두품 신분으로서의 한계에 좌절하여 은퇴했다.

조헌(1544~1592) 호는 중봉重峰. 강직한 성품으로 직설적인 상소를 자주 올려 몇 차례 곤욕을 치렀다. 임진왜란 때는 의병 1,600명을 이끌고 청주성을 수복하였다. 그 후 금산 전투에서 700명의 의병과 함께 왜군에 대항하다 전사했다. 이를 기념해서 현지에 '700의총'이 세워져 있다.

질정관 특정 문제에 대해 중국 정부에 질의하는 일을 맡은 사신. 3품 이하의 관리 중 중국어를 잘하는 문관을 선발했다.

북경 본문에서는 연경燕京. 한때 연나라의 수도였기 때문에 연경이라고도 한다.

동환봉사 명나라 신종의 생일을 축하하는 성절사聖節使로 갔다 와서 지은 글. 중국의 문물제도 중, 우리도 실시했으면 하는 것을 상소문으로 올렸다.

올 여름에 나는 이덕무李德懋·와 함께 진주사陳奏使·를 따라 청나라에 가게 되었다. 우리는 연주燕州와 계주薊州·지방을 두루 돌아보았으며 오吳·촉蜀의 선비들과도 사귈 수가 있었다. 또한 몇 달 동안 머물면서 평소에 듣지 못하던 것을 들었다. 그리고 그곳에는 아직도 옛 풍속이 남아 있어서, 역시 옛 사람들의 말이 맞는구나 하고 감탄하곤 했다.

그 나라의 풍습 중에서 우리 나라에서도 시행할 만한 것과 편리한 일상용품 몇 가지를 보고 그때그때 적었다. 이와

조선의 사신들이 청의 북경까지 간 경로

사신은 대체로 34인이고 수행원까지 합치면 모두 200~300명이었다. 경로는 서울 ~ 평양 ~ 의주 ~ 만주 봉황성 ~ 연산관 ~ 요동 ~ 심양 ~ 광녕 ~ 사하 ~ 산해관 ~ 통주 ~ 북경이다. 기간은 보통 5개월이 걸렸다.

함께 시행함으로써 얻을 수 있는 이로움이 무엇인지, 그렇지 않을 때 생길 손해는 무엇인지에 대해 설명하였다. 책 제목은 맹자孟子가 진량陳良에게 했던 말을 따서 『북학의北學議』라 하였다.

책 내용이 자질구레해서 보는 사람이 업신여기기 쉽다. 또한 번잡하여 실제로 시행하기에도 어려운 것들이다. 그러나 선왕들이 백성들에게 가르칠 때, 반드시 집집마다 전하고 깨우쳐 주었던 것은 아니었다. 절구를 한번 만들자 온 천하가 껍질을 벗긴 곡식을 먹게 되었고, 신을 만들자 온 세상에 맨발로 다니는 자가 없게 되었다. 또한 배와 수레를 만들자 도로가 아무리 험해도 온 세상에 유통되지 못하는 물건이 없게 되었다. 가르치는 방법이 그렇게 간단하고 쉬웠던 것이다.

대개 쓰임을 이롭게 하고 생을 두텁게 하는 데[利用厚生] 있어, 하나라도 빼놓는 것이 있으면 위로는 올바른 덕을 해치게 된다. 그런 까닭에 공자孔子는, "백성을 가르쳐야 한다."고 하였고, 관중管仲은, "의식衣食이 풍족해야 예절을 안다."고 하였다.

지금 백성들의 삶은 날마다 곤궁해지고 있고, 재물은 날마다 궁핍해지고 있다. 이는 사대부들이 팔짱만 낀 채 해결하려 하지 않아서 그런 것인가? 아니면 아무 것도 하지 않은 채 편안하게만 지내려는 타성에 젖어 모르고 있는 것인가?

주자朱子는 학문을 논하면서, "해서 병이 된다면, 하지 않

북학의 『맹자』 「등문공」편에 "진량은 초楚나라 사람이다. 그는 북쪽으로 올라가 중국에서 공부하였다. 그런데 북방의 학자들도 그보다 나은 사람이 별로 없었다."라는 대목이 있다. '북학'이란 용어는 여기에서 따온 것으로, 조선 후기에는 청나라 학문을 지칭하는 용어였다.

이용후생 상공업의 발달을 중시한 북학파 실학자들을 이용후생파라고도 함.

관중(?~B.C. 645) 춘추 시대 제齊나라 환공桓公 시대의 재상. 상업을 발전시키는 정책을 추진하여 제나라의 부국강병을 이루게 함. 원래는 환공의 미움을 받아 노나라로 망명하였으나 포숙아鮑叔牙의 추천으로 다시 기용되었다. 이들의 우정을 '관포지교管鮑之交'라 한다.

으면 약이 되는 것이다.”라고 하였다. 병에 대해 명확히 알
면 약은 저절로 따라오게 되어 있다. 그런 까닭에 오늘날의
폐단이 생기게 된 원인을 꼼꼼히 찾아보아야 하는 것이다.

이 책의 내용이 지금 당장 반드시 시행되어야 하는 것은
아니다. 그러나 중요한 것은 이 마음만은 후세를 속이지 않
으리라는 것이다. 이는 또한 옛날의 최치원과 조헌이 품었
던 뜻이기도 하다.

무술년(1778, 정조2) 9월 비 오는 그믐날,
통진通津[●]의 시골집에서 위항도인葦杭道人[●] 씀

2.

학문하는 길에는 방법이 따로 없다. 모르는 것이 있으면 길
가는 사람이라도 붙잡고 묻는 것이 옳다. 비록 하인이라 할
지라도 나보다 글자 하나라도 많이 알면 우선은 그에게 배워
야 한다. 자신이 남과 같지 못한 것을 부끄러워하여 자기보
다 나은 사람에게 묻지 않는다면, 이는 죽을 때까지 편협하
고 무식한 곳에 자신을 가두어 두는 것이 된다.

순舜 임금은 밭 갈고 질그릇 굽고 물고기 잡을 때부터 제
왕이 되기까지 다른 사람의 좋은 점은 반드시 취했다. 공자
는 “나는 젊었을 때 천하게 지내서 더러운 일에도 상당히 능
하다.”고 하였다. 그 더러운 일이란 밭 갈고 질그릇 굽고 물

고기 잡는 일 따위이다.

이렇듯 순 임금과 공자도 날 때부터 성스럽고 재능이 있었지만, 사물에 접한 다음 솜씨를 익히기 시작했고 일에 닥쳐서 필요한 기구를 만들었던 것이다. 또한 날마다 힘을 다해도 부족한 점이 있었을 것이며, 지혜를 다해도 역시 막히는 데가 있었을 것이다. 그런 까닭에 순 임금과 공자가 성인聖人이 된 것은 평소 남에게 묻기를 좋아하고 그로부터 잘 배웠기 때문이다.

동방에 사는 우리 나라의 선비들은 한 편으로 치우치는 기질을 갖고 있다. 한 번도 중국 땅을 밟아 보지 못했고, 중국 사람을 본 적이 없다. 나서 늙고 병들어 죽을 때까지 이 나라 강토를 떠나 본 적도 없다. 학의 다리가 길고 까마귀 날개가 검은 것처럼 각각 타고난 천성을 지키기만 하고, 마치 우물 안 개구리나 나뭇가지 하나에만 깃들이는 뱁새처럼 홀로 이 땅만을 지켜 왔다.

"예禮는 차라리 질박해야 한다."고 말하고, 더러운 것을 검소한 것으로 안다. 이른바 사농공상士農工商의 사민四民 *이라는 것은 겨우 명목만 남았고, 쓰임을 이롭게 하고 삶을 풍족하게 하는 기구는 날로 부족해지기만 한다. 이는 다름 아니라 학문하는 도道를 모르기 때문이다.

장차 학문을 하려고 한다면, 중국을 배우지 않고서 어떻게 할 것인가? 그러나 우리 나라 선비들은 "지금 중국을 지배하는 자들은 오랑캐다. 그 학문을 배우기가 부끄럽다."라고 말한다. 그러면서 중국의 옛 제도까지도 더럽게 여긴다.

사민 사농공상 4가지 일에 종사하는 사람들. 일반적으로 국민 전체를 말한다. 사士는 원래 유교적 소양을 지닌 지식인을 말하나 보통은 지배계층 전체를 뜻한다.

중국 사람들이 비록 오랑캐처럼 머리를 밀고 옷깃을 왼쪽으로 여몄지만, 그들이 살고 있는 땅은 하夏·은殷·주周 삼대三代 이래로 한漢·당唐·송宋·명明을 거친 중화中華가 아니겠는가? 또한 그 땅에서 태어난 자 역시 삼대 이래로 한·당·송·명의 백성들의 후손이 아니겠는가? 법이 좋고 제도가 아름다우면 아무리 오랑캐라 할지라도 스승으로 삼아야 한다. 하물며 그 광대한 규모와 정밀하고 치밀한 마음, 크고 원대한 제작물과 빛나는 문장이 아직도 삼대 이후 한·당·송·명의 고유한 옛 법으로 그대로 남아 있으니 말해 무엇하겠는가?

우리가 그들에 비해 나은 점은 정말 하나도 없다. 그런데 홀로 한 줌의 상투머리로 스스로 세상에서 가장 현자賢者인 체하며, "지금의 중국은 옛날의 중국이 아니다."라고 한다. 중국의 산천을 더럽고 노린내가 난다며 탓하고, 그 백성들을 개나 양 같다고 욕하며, 그 언어를 오랑캐의 언어라고 모함한다. 그러면서 중국 고유의 좋은 법과 아름다운 제도마저도 배척해 버린다. 그렇다면 장차 어느 나라를 본받아서 실천해 나갈 것인가?

내가 북경에서 돌아오자 초정楚亭이 자기가 지은 『북학의』내·외內外 두 편을 보여주었다. 초정은 나보다 먼저 북경을 다녀온 사람이다. 그는 농사와 누에치기[農蠶]·목축牧畜·성곽城郭·궁실宮室·배와 수레에서부터 대자리·붓·자 등의 제도에 이르기까지 모든 것을 눈으로 계산하고 마음속으로 비교해 보았다. 직접 눈으로 볼 수 없으면 남에게 묻고, 마음속으로도 미진한 것이 있으면 반드시 남에게 배웠다.

내가 이 책을 한번 살펴보았더니, 내가 지은 『일록日錄』과 조금도 어긋나지 않아 마치 한 솜씨에서 나온 것 같았다. 나는 몹시 기뻐서 사흘 동안이나 읽었으나 조금도 싫증이 나지 않았다.

아아! 어떻게 이것이 우리 두 사람이 중국에 가서 눈으로 직접 본 후에서야 알게 된 것이겠는가? 일찍이 우리는 비 새는 집, 눈 뿌리는 처마 밑에서 연구했고, 또 술 데우고 등잔 불똥을 따면서 손바닥을 치며 이야기했던 것이다. 여기에 다시 눈으로 직접 경험했을 뿐이다.

그런데 중요한 것은 이것을 사람들에게 일일이 말해 줄 수도 없고, 말해도 믿지 않는다는 것이다. 믿지 않으면 나를 싫어하게 될 것이다. 싫어하는 그 성품은 바로 한 편으로 치우친 기질 때문이며, 믿지 않는 이유는 중국의 산천을 싫어하기 때문이다.

신축년(1781, 정조5) 중양절重陽節에

연암燕巖 박지원朴趾源 씀

3.

성곽·가옥·수레·기구는 반드시 자연의 여러 법칙에 따라 만들어져야 한다. 거기에 맞추면 견고하고 완전하여 오래 갈 것이나, 그렇지 않으면 아침에 만든 것도 저녁이면 못 쓰게 되어 결국 백성과 나라에 큰 해를 끼치게 될 것이다.

『주례周禮』*를 보면 길의 너비에도 규격이 있고, 건물의 깊이에도 정해진 치수가 있다. 수레바퀴통은 그 폭을 세 배가량 넓히면 수렁에 빠지지 않으며, 지붕을 이을 때 기울기를 일정하게 하면 낙숫물이 쉽게 흐른다고 한다. 그 밖에 금·주석을 제련하는 일과 가죽을 부드럽게 할 때 완급을 조절하는 일, 실을 물에 담그는 일, 옷을 칠하는 일 등에 이르기까지 세심하고도 광범위하게 기록하고 있다.

이를 통해 성인의 식견이 얼마나 장대하고 또한 정밀한지를 알 수 있다. 만물의 법칙을 포괄하면서도 그 각각에 대해서는 지극히 자세하게 알고 있는 것이다. 어떻게 이런 것들을 사소한 것으로 여기며 무시해 버리겠는가?

그런데 한나라 이후, 선비들이 만물의 법칙에 능통하지 못하여, '이것은 일반 기술자들이나 할 일이다.'라고 생각했다. 그러고는 당시의 제도를 책에 남길 때, 단지 그 대략적인 것만을 기록했던 것이다.

그러나 중국에는 직업이 전문화되어 있고 모든 기술이 그 스승들로부터 전수되어 왔다. 또 모든 재능 있는 사람들이 그 자질에 따라서 각자 최고의 전문가가 되었고, 또 서로서로 이것을 전하고 이어받았다. 그래서 성곽·가옥·수

주례 유교 경전. 원래 이름은 주관周官. 주나라 및 전국 시대 각국의 관직 제도를 기록했다. 후대 중국과 우리 나라 관직 제도의 기준이 되어 중앙 관직을 육조六曹나 육부六府로 나눈 것의 시초라고 할 수 있다. 당나라 이후 13경經의 하나가 되었다. 중국과 우리 나라는 주나라의 제도를 항상 본받아야 할 대상으로 인식하였다. 박제가도 『주례』의 제도를 자주 언급한다.

레·기구를 만들 때에 성인들이 제시한 기준을 어긴 적이 거의 없다. 따라서 모든 것들이 정밀하고 견고해서 재물을 축내거나 백성을 해롭게 할 염려가 없다.

그러나 우리 나라는 그렇지 못하다. 모든 자연 자원을 이미 훼손되거나 낡아 못 쓰게 된 것을 보수하는 데 소비해 버린다. 그러고도 그 비용이 부족하면 "우리 나라는 가난한 나라다."고 한다. 아아! 우리 나라는 정말 가난한 것인가? 혹시 시기에 알맞는 적절한 방법을 실시하지 않아서 그런 것은 아닌가?

차수次修 박제가는 기이한 선비이다. 그는 무술년(1778, 정조2)에 진주사陳奏使를 따라 중국에 갔다. 그는 그곳의 성곽·가옥·수레·기구를 두루 돌아보고 감탄하여, "이것이 바로 명나라 제도다. 명나라의 제도라면 곧 『주례』의 제도이기도 하다."라고 말했다. 한편 우리 나라에서 시행할 만한 것을 발견하면 세밀히 살펴보고 틈틈이 기록해 두었다. 혹 이해하기 어려운 것이 있으면 두루 물어보아서 의심나는 점을 해결했다. 그리고 귀국하자마자 그것들을 정리하여 『북학의』내·외편을 썼다. 내용이 상세하고 치밀하며, 소개한 여러 방법들은 명확하게 설명되어 있다. 아울러 뜻을 같이하는 사람들의 논설까지 첨부해 놓았다. 이 책을 한번 살펴보고 그대로 시행해도 될 것이다.

아아 ! 정말 부지런하고 간절한 마음을 보여 주고 있다. 차수여! 더욱 힘써 주기 바란다.

지금 전하께서는 일부 법서法書를 새로이 편집해서 이 나라의 법전法典을 집대성하시려고 한다. 주공周公이 『주례』를 저술하던 예에 따라, 먼저 육조六曹*의 모든 관리들에게 각각 담당하는 일을 기록하도록 명하셨다. 그리고 이 중 필요한 것들을 간추려 한 권의 법서로 편찬하려 하신다. 그렇다면 차수가 쓴 이 글이 바로 그때에 채용되지 않을까?

장차 하늘에서 바람이 불려고 하면 솔개가 먼저 휘파람을 부는 것이요, 비가 오려고 하면 개미가 먼저 두둑을 만든다. 이 글이 채택될지 안 될지는 확실히 알 수 없다. 하지만 우리 나라의 법서를 완성하는 데 있어 솔개나 개미와 같은 역할을 반드시 할 것이다. 그런 까닭에 나는 마음속으로 느낀 것을 책머리에 적어 책 주인에게 돌려보낸다.

임인년(1782, 정조6) 늦가을에

보만재保晚齋 서명응徐命膺* 군수君受 씀

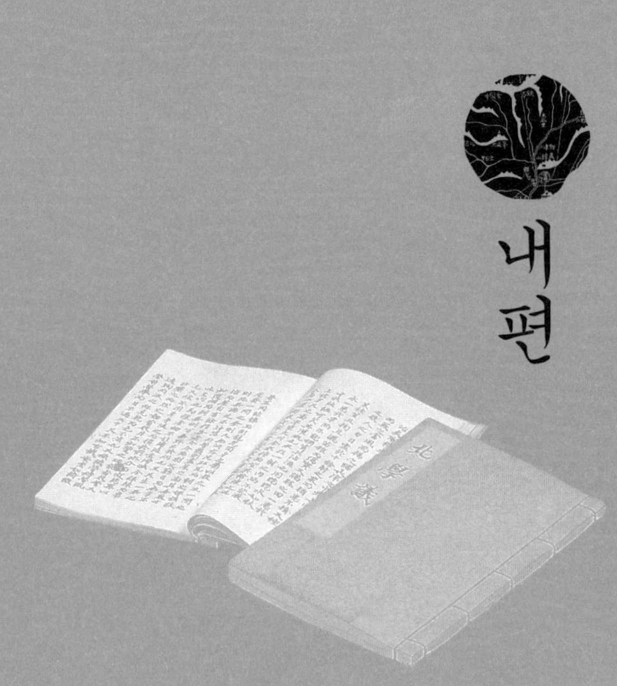

내편

수레[車]

사람이 타는 수레에는 바퀴가 구른다. 차체 위에는 기와를
세로로 놓은 듯한 집이 있다.

　짐을 싣는 수레에는 굴대가 구른다. 바퀴살은 입卄 자처
럼 생겼다. 차체와 굴대가 맞닿는 곳에 함철을 끼우는데 마
치 반달처럼 생겼다. 함철은 짐을 다 나른
후에 뽑아 낼 수도
있다. 제작 방식
은 함철의 뒤쪽
을 세 개의 어금
니 모양으로 만든
다. 위는 넓고 끝은 뾰족
하여 마치 관棺의 고리
와 비슷한데, 옆으로

사람이 타는 수레

끼우면 빠지지 않는다.

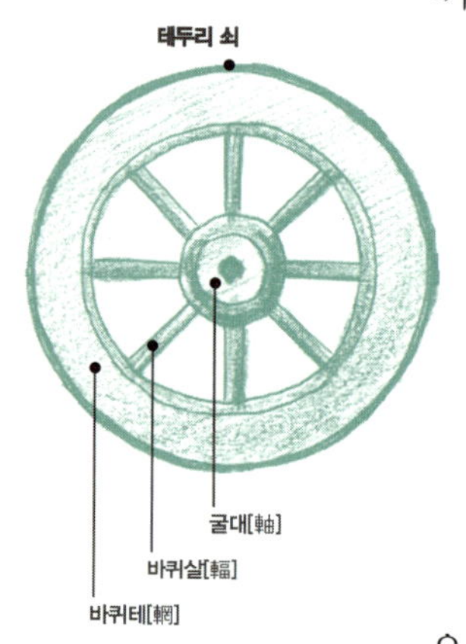

　사람이 타는 수레를 태평거太平車라고 한다. 바퀴는 가슴 높이 정도로 하여 대추나무를 다듬어 만들었고 바깥은 쇠로 둘렀다. 또 작은 버섯처럼 생긴 쇠못을 바퀴 둘레에 박아서 맷돌처럼 땅에 부딪치는 것을 방지하였다.

　차체 위에 있는 집의 길이는 사람이 누우면 정강이가 밖으로 나올 정도이다. 그러나 앉아 있으면 두 사람이 앉고서도 햇빛을 가리는 발을 드리울 수 있다. 장막은 흔히 푸른 베를 쓰지만 간혹 비단을 쓰기도 한다. 여름에는 사면에 모두 발을 드리우는데, 걷어올리는 것도 마음대로 할 수 있다. 장막 끝자락의 좌우에는 별도로 작은 창 같은 네모난 구멍을 뚫고 단추를 이용하여 열고 닫게 했다. 유리로 창을 만들기도 하고, 혹은 채색된 대나무로 발을 만들어서 밖을 내다볼 수 있도록 했다.

　차체 앞쪽에는 판자 하나를 가로로 깔아서 마부가 앉을 수 있다. 간혹 수레 안에 탄 사람이 직접 나와 앉기도 한다. 한 마리의 노새나 나귀가 가마를 끄는데, 멀리 갈 때는 그 숫자를 늘린다. 차체 뒤편에도 한 사람이 앉을 수 있고, 양 옆의 끌채에도 각각 한 사람이 앉을 수 있다. 어떤 때는 마부가 걸으면서 말을 몰다가 진흙탕을 만나면 잠깐 뛰어올라 걸터 앉아서 지나간다. 때로는 수레 한 대에 다섯 사람을 태울 수도 있다.

짐을 싣는 수레를 대거大車라고 한다. 바퀴 높이는 태평거
와 같은데 약간 두껍게 만들었다. 물건을 다 실은 후에는 그
위에다 배에서 쓰는 거적 같은 갈대 자리를 덮어둔다. 그러
고는 그 위에 앉기도 하고 눕기도 한다.

대여섯 마리의 말이 수레를 끈다. 혹 남는 말이 있으면
수레 뒤편에 매어 놓았다가 가끔씩 교대시켜서 피로한 말을
쉬게 한다. 마부는 긴 낚싯줄 같은 채찍으로 힘쓰지 않는 말
을 때린다. 말의 귀나 옆구리에 마음대로 휘둘러 채찍 소리
가 골짜기를 울린다. 수레 옆에는 요령을 달았고 말의 목에
도 작은 방울을 수없이 달았다. 밤길에 맞은편에서 오는 사
람이 조심하도록 하기 위해서다. 그런데 이들은 모두 중
국 산서山西 지방의 상인들로 국경의 관
문을 지나가는 자들이다.

외바퀴 수레는 영세한 상인들
이 많이 이용한다. 바퀴는 조금
작고 얇으며 쇠를 두르지는 않았
다. 수레 차체는 앞쪽이 넓고 뒤쪽은
좁아서 양쪽 겨드랑이에 끼고 몰 수 있
게 만들었다. 바퀴의 반이 차체 위로 올라오
며, 그 모양에 따라 안쪽은 마치 반쪽짜리 북처럼 덮개로 덮
어 막아 놓은 것도 있는데 이는 진흙이 수레 안으로 튀어 들
어오는 것을 막아 준다.

차체 양 옆에는 활 같은 나무를 달아 놓았다. 짐을 다 실

외바퀴 수레
보통은 사람 혼자 끌지만 앞쪽에
노새나 나귀를 매어 끌게 하기도
한다.
(송응성 편 『교정천공개물』).

은 뒤에 양 옆에 각각 꼽아서 난간처럼 사용하기 위해서이
다. 또 'ㅠ'자 모양의 받침대를 끌채 뒤에 붙여 놓았다. 이
것은 수레가 움직일 때에는 항상 들려 있고 멈추면 바퀴와
함께 멎어서 수레가 기울어지는 것을 막는다.

　보통은 한 사람이 뒤쪽에서 밀고 가지만, 무거운 짐을 실
었을 때는 앞에서 닻줄을 끌듯이 끌어당기며 간다. 이럴 때
는 말 두 마리에 싣는 양과 맞먹는 짐을 나를 수 있다. 예전
에 부인 네 사람이 수레 양 옆에 앉아 있는 것을 본 적이 있
고, 물을 앞뒤로 각각 여섯 통씩 실은 것도 보았다. 돛을 걸
어 바람을 받으면서 가는 것도 보았는데, 이것은 배의 돛과
같은 구실을 한다고 생각하였다.

　북경에는 대낮에도 수레바퀴 구르는 소리가 '쿵쿵' 거리
는데 꼭 천둥 소리가 나는 것 같다.

　거리를 한가롭게 걷다 보면 좌우에서 손님을 부르는 수
레꾼들이 죽 늘어서서, "수레 타세요." 하고 말을 건다. 그
들은 각각 수레를 멈추어 놓은 채 기다리고 있다가, 돈을 받
고 사람을 태운다.

　수레를 타는 값은 수레와 말을 얼마나 잘 꾸몄느냐에 달
려 있다. 십 리 거리에 대략 50~60전錢*을 받는데, 두 사람
이 함께 탈 때에는 그 값의 3분의 1을 더 내야 한다. 우리 나
라 돈으로 환산하면, 서울에서 동교東郊·삼강三江 등지로 가
더라도 30~40문文*을 넘지 않을 것이다. 나귀를 빌리는 값
은 10리里에 10전이다. 북경은 워낙 사람이 많기 때문에 값

전　조선 시대 화폐 단위. 1냥의
10분의 1.

문　조선 시대 화폐 단위. 푼[分]이
라고도 한다. 1전의 10분의 1.

이 비싸다.

수레 안에서는 책을 볼 수도 있고 손님을 맞을 수도 있다. 말하자면 '한 채의 움직이는 집'이라 할 수 있다.

나는 유리창琉璃廠* 서남쪽에서 무관懋官* 이덕무와 함께 자주 수레를 탔다. 다른 사신들과 함께 수레를 타고 국자감國子監·옹화궁雍和宮·태액지太液池·문산묘文山廟·법장사탑法藏寺塔 등을 유람하기도 했다.

수레는 하늘을 본떠서 만든 것으로 땅에서 운행한다. 모든 것을 실을 수 있어서 그 이로움이 실로 엄청나다. 그런데 오직 우리 나라에서는 이용하지 않고 있다. 그것은 무슨 까닭일까? 사람들은 곧잘 "산천山川이 험하고 막혀 있기 때문이다."라고 말한다. 그러나 이 말은 타당한 이유가 될 수 없다. 수레는 신라나 고려 이전에도 사용되었다. 검각劍閣·구절九折·태행太行·양장羊腸*으로 불리던 수레가 이미 있었던

무용총 벽화 수레 부분도
무용총舞踊塚은 만주 길림성 집안현集安 縣 통구通溝에 있는 고구려의 고분. 이 벽화를 통해 우리 나라에서도 삼국 시대에 이미 수레가 사용되었음을 알 수 있다.

것이다.

　요동반도 동쪽은 모두 산악지대이다. 마천령摩天嶺*이라는 고개가 있는데 높이가 20리쯤 된다. 청석령靑石嶺은 위험스러운 돌들이 옆으로 튀어나온 채 절벽을 이루고 있는데 마치 우리 나라 남한산성 서문西門 밖과 같다. 말을 채찍질하면서 지나가면 수레바퀴가 돌에 부딪쳐서 곧 벼랑이 무너질 것 같은 소리가 난다. 그래도 말은 미끄러지지도 않고 조심스럽게 잘 지나간다. 우리 나라 사람도 모두 목격한 것이다. 굳이 이러한 일을 이야기하지 않더라도, 사실 수레는 통행할 수 있는 곳만 다니면 된다.

　각 도道나 주州에는 모두 수레가 있다. 수레로 고갯길을 넘는 것을 꺼려하여 수레를 세워두고 걸어서 고개를 넘더라도 그 고개만 넘으면 그곳에는 다른 수레가 기다리고 있다. 수레 한 대만을 사용하여 천리 만리 길을 가는 것은 중국에

중국의 농사용 수레
지금도 사용되고 있다.

서도 드문 일이다. 하물며 우리 나라에는 아무리 험하다고 해도 중국 촉蜀 지방의 잔도棧道*와 같은 곳은 없지 않은가? 수레가 통행하면 길은 저절로 이루어진다.

아주 깊은 산골은 일거리가 적을 것이므로 마땅히 다른 지방의 수레가 통행하는 일도 드물 것이다. 다만 고을에 있는 농사용 수레[農車]라도 운행했으면 좋겠다.

지금 함경도에는 자용거自用車가 있고 군대에는 대거大車가 있다. 그리고 준천사濬川司*에는 사거沙車라는 모래차가 있다. 이것들은 모두 북방 몽고의 수레를 본뜬 것인데, 매우 조잡해서 제대로 된 수레라고 할 수 없다.

대체로 수레가 가벼우면 좋겠지만, 그럴 경우 힘이 약해서 짐을 감당하지 못한다. 그래서 할 수 없이 무겁게 만드는 것이다. 그런데 지금의 수레는 너무 무거워서 빈 수레로 가도 소가 지쳐 버린다. 또 차체와 두 바퀴 사이가 너무 떨어져 있어서 빈 곳이 많기 때문에 실제 효용성이 높지 않다.

그러나 대거大車는 소 다섯 마리가 끌어서 곡식 15섬*을 운반한다. 한 마리의 소나 말에는 각각 두 섬씩 싣는데, 그것과 비교하면 벌써 3분의 1의 이득을 얻는 셈이다. 이러한 중국의 수레를 본받는다면 얼마나 좋겠는가?

수레는 바퀴가 높을수록 속도가 더 빨라진다. 현재 쓰고 있는 바퀴살 없는 바퀴는 나무를 깎아서 둥글게 만든 것이다. 크기가 주발만 한 이것을 수레의 네 모퉁이에 단 것을 동거東車라 한다. 예전에 준천사에서 인부 두 사람이면 들 수 있는 돌을 이 동거에 싣고, 큰 소 한 마리에 멍에를 씌워서 한 사람이 끄는 것을 보았다. 그런데 바퀴가 작아서 자주 도랑에 빠졌다. 그러면 다른 사람이 갖고 있던 막대기를 바퀴 밑에 집어넣고 들어올리면서 한나절을 떠들썩하는 것이었다. 이런 경우엔 수레 한 대와 소 한 마리가 추가로 사용되는 셈이다. 이러니 당연히 요즘 사람들이, "수레를 사용해도 이로울 것이 없다."라고 말하는 것이다.

어떤 사람은, "수레는 마땅히 자신에게 맞게 만들어야 한다."라고 말하지만, 그렇지 않다. 중국인은 수레의 크기와 무게, 그리고 속도에 대하여 이미 많은 경험을 쌓았고 또 깊이 연구해 왔다. 따라서 솜씨 있는 기술자에게 중국 수레를 본떠서 만들도록 해야 한다. 이때 한치의 어긋남도 없이 중국 것과 똑같도록 하는 데 힘을 기울여야 한다.

먼저 관서 지방 각 고을 수령의 품계에 따라, 매년 중국으로 가는 사신들 편에 수레 몇 대씩을 사다가 비치해 두도록 한다. 그리하여 수령이 새로 교체될 때나 사신이 지나갈 때에 이용하도록 한다. 또한 백성들도 자세히 볼 수 있도록 해서 수레 만드는 법을 배우는 데 도움이 되어야 한다. 서장관書狀官● 심염조沈念祖●도, "내 의견도 그와 같다."고 했다.

수레의 짐칸은 두 바퀴 사이에 있기 때문에 싣는 물건도 두 바퀴의 폭만큼 제한될 수밖에 없다. 그래서 반드시 차체 위에 나무를 가로로 덧대어 짐칸을 추가로 설치해야 더 많은 물건을 실을 수 있다. 바퀴는 이 구조물 밑에 있게 된다.

이것은 배 위에 가로판자를 설치하는 것과 같은 효과를 보
는 것이다.

　우리 나라는 동서 간의 거리가 1,000리고 남북은 그것의
세 배가 된다. 그 가운데에 서울이 있기 때문에, 사방에서
서울로 물자가 모여드는 데는 실제로 동서 500리, 남북
1,000리에 불과하다. 또 삼면이 바다로 둘러싸여서 각 해안
지방을 배로 통행한다면, 육지에서 거래하는 자는 대략 서
울까지는 멀어도 5~6일, 가까우면 2~3일밖에 걸리지 않을
것이다. 한쪽 끝에서 다른 쪽 끝까지 간다 해도 그 두 배 정
도의 시일이면 될 것이다. 만일 당나라의 유안劉晏*이 시행
했던 것처럼 걸음이 빠른 자를 각 처에 배치한다면, 며칠 안
에 각 지방의 물가物價를 고르게 할 수 있을 것이다.

　두메산골에 사는 사람들은 풀명자나무[樝梨]*의 열매를 담
갔다가 그 신맛을 된장 대신 사용하며, 새우젓이나 조개젓을
보고는 이상한 물건이라고 생각한다. 그들이 왜 이렇게 가난
한 것일까? 단언하건대 그것은 수레가 없기 때문이다.

　전주全州의 장사꾼은 처자식을 거느리고 생강과 참빗을
짊어지고 걸어서 의주義州까지 간다. 이익이 없는 건 아니지

참빗
가늘고 촘촘하여 서캐를 빼거나 머리에 기
름을 발라 정갈하게 빗을 때 사용한다.

만 걷느라고 모든 근력이 다 빠지고, 가정적인 낙은 즐길 틈이 없다. 또는 원산에서 미역과 마른 생선을 말에 싣고 왔다가 사흘 만에 다 팔고 돌아가면 적은 이익이나마 생긴다. 하지만 닷새가 걸리면 본전만 하게 되고, 열흘이나 머물면 오히려 본전이 크게 줄어든다. 돌아갈 때 싣고 가는 물건에서 약간의 이익이 생긴다고는 하나 체류하는 동안에 말에 든 비용이 너무 많기 때문이다.

영동 지방의 경우 꿀은 생산되나 소금이 없고, 평안도·관서關西에 철은 생산되나 감귤이 없으며, 함경도·북도北道는 삼[麻]이 흔해도 무명은 귀하다. 산골에는 붉은 팥이 흔하고, 해변에는 창명젓과 메기가 흔하다. 또 영남 지방의 고찰古刹에서는 명지名紙(좋은 종이)를 생산하고, 청산靑山·보은에는 대추나무가 많으며, 한강 입구에 있는 강화에는 감이 많다.

백성들은 이런 물자를 서로 이용하여 풍족하게 쓰고 싶어도 힘이 미치지 않는다. 어떤 사람은 "말이 있지 않느냐?" 한다. 그러나 한 필의 말과 한 대의 수레가 운반하는 양이 서로 비슷하다면, 수레가 훨씬 유리하다. 끌어당기는 힘과 싣고 다니는 고달픔이 엄청나게 다르기 때문이다. 그러므로 수레를 끄는 말은 병들지 않는다. 하물며 5~6필의 말로 운반해야 하는 것을 수레 한 대로 모두 운반할 수 있으니, 몇 배의 이익이 생기지 않겠는가?

또 짐을 싣는 말은 뱃대끈˙을 꽉 졸라매서 점점 야위어져, 나중에는 사람이 탈 수도 없게 된다. 그래서 말을 놀리면서 먹여야 좋은 말을 기를 수 있다. 집에서 나귀나 말을 한 마리만 길러도 그에 따른 하루 비용이 사람이 먹는 것보다 두 배나 많이 든다. 더구나 주인이 나갈 일이 없어서 말을 이용하지도 않으면, 말이 오히려 사람을 부리는 셈이다. 이것은 짐승을 몰다가 사람을 먹이는 것과 같다.

오늘날 사신들이 행차할 때도, 사신 세 명과 호위장군, 비장裨將 · 통역관[譯官] · 질정관質正官은 각각 역마驛馬나 관마官馬를 타고 간다. 그러나 장사꾼이나 그 밖의 모든 사령使令(심부름꾼), 또는 여행 중에 필요한 물자를 공급하는 사람들은 제외하더라도, 걸어서 따라가는 사람들이 말의 수보다 두 배가 넘는다.

만리 길을 가면서 사람에게 걸어서 따라오기를 강요하는 것은 오직 우리 나라뿐이다. 단지 걸어서 따라갈 뿐 아니라, 항상 행렬의 곁을 떠나지도 못하게 한다. 그래서 빨리 가든 천천히 가든 말이 걷는 속도와 같아야 한다. 때문에 마부로 중국에 들어가는 자는 모두 죄수들처럼 쑥대머리를 하고 있으며, 맑거나 비가 오거나 상관없이 걸어서 가야 한다. 이국 땅에서 부끄러움을 당하는 것으로 이보다 더 큰 것은 없을 것이다. 또 지나치게 땀을 흘리고 숨이 차도 감히 쉬지 못한다. 우리 나라의 하인이나 일꾼들이 자주 병드는 이유는 모두 여기에 있는 것이다.

일본의 도쿠가와 이에야스*는 "물건을 지나치게 많이 실어서 소나 말이 자주 다친다. 이것은 어진 사람의 정치가 아니다. 이제부터는 싣는 중량을 근수로 제한해서 그 이상은 더 싣지 못하게 하라."고 명했다고 한다. 일본에서는 짐승들

도쿠가와 이에야스(1542~1616)
일본 에도 막부 시대의 초대 대장군. 도요토미 히데요시가 죽자 패권을 장악했다.

도 이런 대접을 받는데, 우리 나라에서는 사람들조차 그런
대접을 받지 못하고 있는 것이다.

일찍이 중국에서 한 관리가 작은 가마를 타고 가는 것을
보았다. 가마의 지붕은 화려한 푸른 비단으로 덮여 있었고,
장막은 얇은 깁[紗羅]* 따위를 사용했으며 여닫는 창은 유리
로 되어 있었다. 가마 안에는 의자 한 개가 알맞게 놓여 있
으며 그 앞에 작은 책상을 놓고 앉아서 책을 보고 있었다.

가마는 중간에 가로로 막대기를 꿰어 놓았기 때문에 옆
에서 보호하는 자가 없어도 기울어지지 않았다. 그런 상태
에서 앞뒤로 각각 두 사람이 메고 갔다. 가마를 메는 방법은
새끼줄로 양쪽 나무를 연결한 다음 작은 나무 막대기로 새
끼줄을 들어서 어깨에 멘다. 이것은 가마를 약간 일렁거리
게 하여 누르는 힘을 분산시킴으로써 어깨를 누르는 압박감
을 줄이기 위한 것이다. 가마는 편하고 빠르게 움직였다. 이
를 본 우리 나라 사신들은 우리의 쌍교雙轎가 그 가마보다 못
하다고 탄식했었다. 가마 뒤에는 말 다섯 마리가 끄는 큰 수
레 한 대가 모두 열아홉 사람을 태우고 그 관리를 따라가는
것이었다. 말과 인부는 5리 또는 10리마다 한 번씩 교대시
켜 그 싱싱한 힘을 이용한다고 한다.

사람의 힘을 이용하려 하면서, 하루 종일 말을 따라가느
라 먼저 지치게 하면 결국은 자신도 편할 수 없다. 그런 까
닭에 수레를 이용하면, 말을 더 늘리지 않아도 사신 일행 중
에 걸어가는 사람은 한 사람도 없게 될 것이다. 또한 수행원
들 중에 병드는 사람이 없을 것이요, 사신들도 아랫사람들

의 싱싱한 힘을 이용할 수 있는 것이다.

우리 나라의 이품二品 이상의 문관文官들은 외바퀴를 사용하는 높은 수레를 타는데 그것을 '초헌軺軒'이라고 한다. 바퀴는 작으면서 수레 높이는 한 장丈°이나 된다. 그 모습을 바라보면 마치 사다리로 지붕에 오른 듯하여 말할 수 없을 정도로 위태롭다.

움직일 때도 다섯 사람이 있어야 한다. 또 수행하는 사람이 반드시 있어야 한다. 옛날에 수레를 만든 것은 한 대의 수레에 다섯 사람을 태우려고 한 것이다. 지금의 수레는 다섯 사람이 걷고 한 사람이 탄다. 어떤 사람은, "귀한 사람이 천한 사람을 부리는 것은 합당한 세상 법칙이고 예나 지금이나 따라야 할 이치이다."라고 한다. 하지만 귀천이란 원래 이런 것을 말하는 것이 아니다. 선왕先王이 귀천을 나눌 때에도 실용實用을 우선하고 겉치레는 뒤로 하였다.

『한서漢書』°에 주륜朱輪·반주륜半朱輪 등이 있는데 모두 사람이 타는 수레이고, 『주례周禮』에 융거戎車·전거田車·택거澤車·육거陸車 등은 이름은 다르나 물건을 싣는 수레인 점에서는 마찬가지다.

옛날에 사용하던 타는 수레는 현재의 그것과 다르다. 지금은 노인들이 수레를 많이 탄다. 그런데 이것도 바퀴를 부

장 길이의 단위로 '길'이라고도 함. 길이의 단위는 모毛·리厘·푼[分]·치[寸]·자[尺]·장丈·간間·정町·리里 순으로 커진다. 10치=1척, 10척=1장이다. 그런데 1척, 즉 1자는 약 30㎝이니 1장은 3m다.

한서 중국 후한後漢 시대의 역사가 반고班固가 저술한 기전체紀傳體의 역사서. 전 120권으로 되어 있다.

들[蒲]이라는 풀로 감싼 편안한 수레로 노인을 모신다는 본래의 뜻과는 다른 듯하다. 그런데 초헌의 경우에도, 갑작스러운 일이라도 당하면 반드시 뒤집어진다.

지방 고을 수령의 어머니나 그 아내, 그리고 사신과 감사監司는 모두 쌍교雙轎를 탄다. 이것은 말 두 마리 사이에 가마를 단 것인데, 뒤에 있는 말이 앞말을 보지 못하기 때문에 서로 발을 맞추기가 어렵다.

양쪽 가마채의 길이가 2장(6m)이고 가마통도 크지만 그 안에서 사람이 누울 수는 없다. 만들고 꾸미느라 무거워진 데다, 바닥을 가죽 그물망으로 만들어 발을 붙이고 편하게 앉을 수 없다. 그래서 매번 하인들이 자신들의 소지품을 넣어 두는 사물함으로 사용한다. 가마 안에는 뚜껑 달린 함을 놓고 그 안에 찬그릇 · 침 뱉는 그릇 · 작은 책상 등을 넣어

김홍도의 「안릉신영安陵新迎」
안주 목사 부임 행렬의 쌍교 부분도.

둔다. 가마 뒤에는 술병·돗자리·옷·신 등을 매달아 놓는 다. 가마 자체도 무거운데 그 밖에도 무거운 것이 많으니 총 중량이 얼마나 되는지 알 수가 없다.

가마의 양 옆에는 호위하는 사람이 각각 서너 명 있다. 나머지는 걸어서 따라가는데 서로 교대하도록 예비해 놓은 것이다. 하지만 있는 힘을 다해야 따라갈 수 있기 때문에 나 중에는 가마를 호위할 힘이 남아 있지 않다. 단지 가마에 딸 려 가는 꼴이다.

가마와 사람이 지니는 원래 무게에 여러 잡다한 물건의 무게가 있고, 그 외에 또 몇 사람이 딸렸는지 알 수 없으니, 그 무게를 모두 계산하면 거의 조그만 배 한 척만 할 것이 다. 도중에 말이 죽어도 알지 못하고, 말이 쓰러지면 마부에 게 책임을 물어 곤장을 친다. 그런 까닭에, "수레를 이용하 면 말의 수를 줄여도 사람은 한가로워진다."고 말한 것이다.

지금 부인들이 타는 가마는 그 중간에 균형을 잡아주는 나무를 꿰어놓지 않아서 기울어지기 쉽다. 말 등에 가마를 얹는 것은 더욱 위험하다. 그래서 부녀자들이 결혼식장이나 장례식장, 이사할 곳에 가기가 매우 어렵다. 그런데 수레를 이용하면 이런 걱정은 사라진다.

유금儒琴이 말하기를, "우리 나라에는 수레가 없기 때문 에 백성들의 집이 모두 조그맣다."고 하였다. 그것은 집을 지을 때 말 한 마리가 운반하기에 적당한 나무만을 사용하 기 때문이다. 나는 신발값이 오르는 것도 수레가 없기 때문

홍대용(1731~1783) 담헌澹軒은 호. 실학자이며 과학자. 지구자 전설과 우주무한론을 주장하였다. 저서로는 『담헌서』가 있으며, 그 중 중국을 다녀온 후 쓴 『연기燕記』와 『의산문답医山問答』 등이 유명하다.

결 토지의 면적 단위. 세종 때 실시한 전분 6등법에 따르면 1등급 토지는 약 2,986평, 6등급은 11,946평 정도이다. 결은 일정한 생산량을 기준으로 정했기 때문에, 비옥한 땅일수록 1결의 면적은 적었다.

이라고 말하고 싶다.

홍대용洪大容은, "수레가 다닐 수 있는 길을 닦으려면 토지 몇 결結은 없어지겠지만 수레를 사용해서 얻는 이익이 그것을 넉넉히 보상할 수 있을 것이다."고 하였다.

원래 수레는 오르막은 꺼리지 않지만 빠지는 곳은 꺼린다. 지금 저잣거리의 작은 도랑은 반드시 복개해서 지하로 흐르도록 하고, 세로로 걸쳐 놓은 나무다리는 모두 가로로 바꾸어 놓아야 한다. 재상과 부인들은 예전처럼 보교步輿를 타도 되지만 모든 수령 및 선비와 백성들은 태평거太平車를 타도록 해야 한다.

어떤 사람은 말하기를, "수레 가운데가 덜컹거려서 불편하다. 만약 굴대를 뒤쪽으로 물려서 차체 끝을 받치도록 한다면, 사람이 앉은 곳은 항상 공중에 떠 있게 되어 쌍교와 같은 느낌이 들 것이다." 한다. 지금 서장관書狀官이 탄 수레는 태평거의 바퀴를 이용하고, 그 차체를 고쳐서 가마를 얹었다. 그런데 이것은 약하면서도 무거워 원래 것보다 훨씬 못하다. 이치를 알지 못하고 함부로 고치면 이렇게 된다.

배[船]

중국 배는 내부에 물 한 방울 없을 정도로 건조하고 깨끗하다. 곡식을 실을 때에는 뱃바닥에 그대로 쏟는다. 배 위에는 반드시 판자를 가로로 깔아 놓는다. 사람이든 말이든 배에 탄 자는 모두 그 위에 앉도록 하여 빗물이나 말의 오줌이 배 안으로 스며들지 못한다.

배를 대는 모든 언덕에는 다리가 설치되어 있다. 먼 곳을 항해하는 배에는 모두 지붕이 있고 다락이 있다면 삼층쯤은 된다. 배 뒤편, 걷어올리는 곳에는 구멍을 뚫고 치미鴟尾를 꽂았다.

통주通州 동쪽에 있는 노하潞河 는 북경과의 거리가 40리이고, 남쪽으로는 고해沽海로 직

중국 배 뒷부분의 치미
(송응성 편 『교정천공개물』).

노하 지금의 중국 하북성河北省 경계에 있는 백하白河. 서로하西潞河라고도 한다.

치미
지붕 용마루 끝에 세워 놓은 것. 망새. 단어의 뜻은 "올빼미 꼬리"이다.
화재를 예방하는 상징물로 설치하였다. ⓒ 국립경주박물관.

통한다. 강물은 통주에서 옥하玉河와 합쳐져 남쪽 발해로 들어간다. 모든 조운漕運은 여기에서 시작된다. 100리에 걸친 하구를 멀리서 바라보면 돛대가 대나무 숲보다도 더 빽빽하다. 배에 꽂은 깃발에는 절강浙江·산동山東·운남雲南·귀주貴州 등의 지방 이름을 크게 써서 달았다.

한번은 산동 독무관督撫官 하유성何裕城이 좁쌀 30만 섬을 싣고 와서 배 안에 있다는 이야기를 들었다. 그런데 그 배가 워낙 크고 화려해서 사신과 나는 무관懋官 이덕무와 함께 올라가 보았다.

배의 길이는 10장丈 정도 되었다. 무늬가 있는 창과 채색된 다락집이 높이 우뚝 솟아 있었다. 그 가운데에 방이 있고 위에는 다락이 있으며 밑은 창고로 사용하고 있었다. 글씨 쓴 족자와 그림 액자가 걸려 있고, 장막과 침대는 향기롭고 그윽하며 구불구불하게 가려져 있어 그 아늑한 맛은 헤아릴 수 없었다.

배에 올랐을 때, 배 안의 그윽한 곳에서 내다보는 부인이 있었다. 수놓은 바지를 입고 머리를 예쁘게 꾸몄는데 독무관의 가족이라고 한다. 의자를 갖다 놓고 차를 내온 후 향을 피우면서 필담을 나누었다.

발을 드리운 창 밖으로는 때마침 갈매기가 날고 구름이 연기처럼 흩어졌으며, 누각이 있는 집과 오가는 사람들이 보였다. 그리고 모래 언덕과 바람 받은 돛이 번갈아 나타났다 사라졌다 하는 것 같았다. 곧 마음이 한가로워져 내가 물 위에 있다는 사실을 잊어버렸다. 마치 몸은 숲 속에 있으면서 눈은 아름답게 채색된 실내를 두리번거리는 것 같았다.

　이와 같다면 비록 풍파 만리에 가끔 위태로운 때가 있을
지라도, 바다를 떠돌며 멀리 여행하는 것을 왜 꺼려할 것인
가? 많은 중국 사람들이 멀리 여행하는 것도 당연한 것이다.

　모든 배는 곡식을 실을 때, 처음에는 곧바로 배 밑바닥에
싣는다. 이곳에 도착하면, 준비한 무명 겹자루에 곡식을 각
각 나누어 담는다. 한 자루에 한 섬이 들어간다. 그리고는
작은 배에 나누어 싣고 옥하玉河로 운반해 들어가는 것이다.

　우리 나라는 모든 수레가 갖고 있
는 장점을 알지 못한다. 뿐만 아니라
배도 제대로 이용하지 못한다. 물이
나 빗물이 새어드는 것도 막지 못한
다. 짐을 많이 싣지 못하고 배에 탄
사람도 편하지 않다. 말을 배에 태울
때에는 상당히 위태롭다. 이러니 배
를 이용하여 얻을 수 있는 이로움이
한 가지도 없는 것이다.

　대체로 배라는 것은 물에 빠지는
것을 막기 위한 것인데, 우리 나라의
경우 목재를 정밀하게 다듬지 못해
서 배 안은 항상 새어드는 물로 가득
하다. 배에 탄 사람은 냇물을 건널

중국의 배는 가로판자가 있어 그 위에 짐을 실을 수 있으며 거적
이 지붕의 역할을 해서 서리나 비를 피할 수 있다.
(송응성 편『교정천공개물』).

때처럼 정강이를 걷어올려야 한다. 또 배 안에 고인 물을 퍼내느라 날마다 한 사람의 힘을 허비한다. 그런 까닭에 곡식도 바로 싣지 못하고 짚으로 만든 거적 위에 올려 놓는데, 이때 거적의 양이 곡식의 두 배 정도 된다. 그럼에도 불구하고 밑에 있는 곡식은 젖어서 썩을 염려가 있다.

앉는 자리는 회초리를 엮어서 쓰기 때문에 휘청휘청해서 불편하다. 그래서 하루만 배를 타도 엉덩이가 여러 날 아프다. 또 가을에서 겨울로 접어들 때는, 덮을 거적을 갖추지 않아서 서리를 그대로 맞고 있어야 한다. 이렇듯 여러 형태로 생고생을 하게 되니 도무지 배 타는 즐거움이 생기지 않는다.

또한 가로로 깐 판자가 없어서 사람과 물건이 함께 그 안에 있어야 한다. 따라서 짐을 가득 싣지 못하고 또 높이 쌓지도 못한다. 혹 덮는 거적이 있어도 짧아서 윗부분을 모두 덮지는 못한다. 그래서 비만 오면 배는 물 담는 그릇이 된다.

더구나 배를 대는 언덕에 다리가 없어서 사람은 업어 태우고 말은 힘껏 뛰게 해서 태운다. 다리를 놓아야 할 정도로 높은 곳에서 가로판자도 없는 깊은 바닥으로 뛰어들게 하는 것이다. 어떻게 말 다리가 부러지지 않겠는가? '배를 잘 타는 말' 또는 '배를 잘 못 타는 말'이라는 칭호가 생긴 것은 배를 대는 곳에 다리가 없기 때문이다.

지금 제주濟州에서 나라에 바치는 말은 거의 대부분 병들고 야위었으며 죽는 것도 많다. 왜냐하면 뱃바닥이 평평하지 않다고 해서 공연히 틀에 단단히 매어 놓아 그 기질과 본성에 어긋나게 했기 때문이다. 마구간의 바닥이 물길과 육지에서 서로 다른 것은 배의 구조에 문제가 있기 때문이다. 일본 유구琉球*의 말이 중국 복건福建* 지방에서 팔리고 있는데 이것도 역시 배로 실려 온 것이다. 만일 지금의 제주도 말과 같이 병들고 야위었다면 어떻게 그것을 교역할 수 있었겠는가? 아마 말을 싣고 오는 방법이 따로 있을 것이다.

만약 중국 배가 표류하여 해안 마을에 정박하면, 반드시 그 배의 구조와 기타 여러 가지 기술을 자세히 물어서 솜씨 좋은 기술자로 하여금 그대로 만들도록 해야 한다. 즉 표류해 온 배를 모방해서 배 만드는 법을 배워야 한다. 또는 표류해 온 사람이 머무는 동안 잘 접대하여 그들의 기술을 다 배운 후에 돌려보내도 괜찮을 것이다.

일찍이 토정土亭 이지함李之菡*은 여러 척의 외국 상선과 교역해서 전라도의 가난한 백성들을 구제하고자 하였다. 멀리 내다볼 줄 아는 그의 식견은 정말 탁월한 것이었다. 내가 하고 싶은 말은, 배를 운행하려면 배를 댈 수 있는 다리와 함께 갑판에 가로판자를 꼭 설치해야 한다는 것이다.

성城

중국은 성城을 모두 벽돌로 쌓았다.

벽돌은 회灰를 바르고 쌓았는데 회를 너무 엷게 써서 간신히 붙어 있을 정도였다. 쌓는 방법은 다음과 같다. 먼저 돌이나 큰 벽돌로 터를 잡는다. 그런 다음에 벽돌을 쌓았는데 어떤 것은 가로로 어떤 것은 세로로 쌓았다. 혹은 눕히거나 세우기도 하여 겉과 안이 서로 어긋나게 하면서 성벽의 두께대로 벽돌을 꽉 채워 쌓아 올렸다. 간혹 가운데를 흙으로 채우기도 했지만 전체 넓이의 3분의 1이 안 된다. 그래서 대포를 맞아도 마치 포탄이 엿과 엉킨 것처럼 되어 쉽게 무너지지 않는다.

성 위에는 안팎으로 낮은 담*을 쌓았는데, 안쪽에는 돌 홈을 내어서 빗물이 통하도록 했다. 또 바깥쪽에는 총과 활을 쏠 수 있는 구멍을 내었다. 어떤 구멍은 마치 날을 제거한 대팻집처럼 바로 성 밑을 향해 경사져 있다. 적군이 감히 가까이 오지 못하도록 한 것이다.

성 바깥에는 반드시 해자*와 연못이 있고, 성문 앞에도 반드시 작은 옹성甕城*이 둘려져 있다. 옹성의 문은 왼쪽이

몽촌토성
서울 송파구 오륜동. 둥그런 토성을 둘러싸고 있는 인공 못인 해자를 볼 수 있다.

거용관居庸關
북경시 창평구 내에 위치. 이 옹성에는 좌우로 두 개의
문이 있다.

나 오른쪽, 혹은 좌우 양쪽에 모두 만들어 놓았다. 그러나
성문과 바로 마주 보이지 않게 했다.

성 위에 있는 낮은 담으로 오르려면 성 안에서 사다리를
이용해야 한다. 그런데 사다리 주변에 나무 울타리를 쳐서
일단 그 안에 들어가기만 하면 달아나려 해도 달아날 수 없
게 만들었다. 성의 높이는 벽돌로 계산해서 대략 5~6길[丈]
쯤 된다. 성이 오래되어 벽돌이 빠진 곳은 새 벽돌로 때워서
그 빛깔이 얼룩덜룩하다.

성이라는 것은 적을 막기 위한 것이다. 적을 만났을 때
버리고 달아나려는 것이라면 모르지만, 그렇지 않다면 우리
나라에는 성이라고 할 만한 것이 전혀 없다. 왜냐하면 벽돌
을 사용하지 않았기 때문이다.

어떤 사람은 "벽돌은 돌보다 단단하지 못하다."고 말한
다. 그러나 나는 대답할 수 있다. "돌 하나가 벽돌 하나보다

단단할지는 모르지만, 여러 개를 쌓았을 때는 벽돌이 돌보다 단단하다.” 돌은 그 성질상 서로 붙일 수 없지만 벽돌은 만 개라 해도 회로 붙이면 합쳐져서 한 덩어리가 될 수 있다. 또 돌은 항상 사람이 다듬어야 한다. 그에 따른 노력이 얼마나 많은가? 벽돌은 처음부터 마음대로 만들 수 있다. 그래서 벽돌은 모두 반듯하게 생겼다. 또 돌은 크기가 일정하지 않기 때문에 날짜를 정해서 감독해도 각 인부들의 작업량을 고르게 하기가 어렵다. 반면에 벽돌은 치수가 모두 같기 때문에 인부들이 부지런한지 게으름을 피우는지를 금방 알 수 있다.

지금 우리 나라의 성은 돌을 한 겹으로 쌓았다. 그래서 겉은 비록 높고 험해 보여도 사실 안쪽은 쌓은 돌끼리 서로 이가 맞지 않는다. 돌 하나만 빠져도 곧 무너질 것 같으며, 또 이를 막을 수도 없다. 조금만 더 높으면 금방이라도 쉽게 무너질 것 같다. 또한 무너지려고 할 때는 가운데가 점점 튀어 나와서 마치 곡식 부대처럼 된다.

첫째, 성가퀴도 자주 허물어진다. 회로 붙인 것이 돌처럼 단단하지 않기 때문이다. 지방 고을에서는 그 위에 기와를 덮기도 하고, 궁궐 담에는 큰 목재로 서까래를 얹고 그 위에 기와를 덮는다. 대개 옛날에는 돌로 목재를 덮어서 그 썩는 것을 막았기 때문에 기와와 벽돌이 생겨난 것이다. 그런데 지금은 성 위에 목재를 걸쳐 놓는다. 이것은 썩는 것을 막는 것이 아니라 오히려 썩는 것을 돕는 셈이다. 더구나 기와 밑을 흙으로 메우기 때문에 기와가 쉽게 움직이고 자주 떨어지는 것이다.

새나 짐승에게 뚫리고, 비바람에 시달려서 매일같이 이를 보수하느라 경비를 허비한다. 있는 힘을 다해서 썩는 것을 막는다 해도 그에 따른 비용을 걱정해야 할 지경인데, 오히려 지금은 있는 힘을 다해서 썩는 것을 돕고 있으니 옳은 일이라고 할 수 없다. 그래서 중국의 제도를 배워서, 먼저 벽돌로 궁성을 쌓고, 목재 대신 벽돌로 낮은 담을 쌓자는 것이다.

광화문은 회를 사용한 자취가 뚜렷이 남아 있다.* 어떤 사람은, "궁궐의 담을 고쳐서 성으로 만들려면 비용이 너무 많이 든다."고 한다. 그러나 일반 백성의 집은 대개가 초가 지붕인데, 이를 십 년 동안 보수하는 데 드는 비용이 기와를 사용했을 때보다 많다.

국가가 영구적인 사업을 세우는 데 있어서, 벽돌이 힘은 들지만 결국 오래

수원성 팔달문
성문 밖에 둥글게 설치한 또 하나의 성,
즉 옹성과 옹성 위의 낮은 담(성첩)을 볼 수 있다.

도록 편할 수 있으니 그 이익이 엄청난 것이다. 그러나 수레가 없으면 비록 벽돌을 사용한다 해도 큰 이익이 생기지 않는다. 먼저 수레를 사용하고 그 후에 성을 쌓아야 한다.

둘째, 성 둘레가 너무 길다. 지금 지방 고을의 성은 모두 10리里가 넘는다. 간혹 길이가 40리나 되어 왕성王城과 비슷한 것도 있다. 성 안의 병사들과 남녀를 다 동원해 일렬로 세워도 그 반에도 못 미친다. 이런 성을 어디에 쓸 것인가? 때문에 심양瀋陽 같이 번화한 곳도 성의 길이는 겨우 10리 정도이고, 계주薊州 · 영평永平 같은 지방도 모두 그렇다. 위치소衛置所를 설치한 곳도 그 성은 모두 매우 작다. 『맹자』에도 성이 "3리"니 "7리"니 하는 말들이 있다.

셋째는, 바깥쪽은 공들여 쌓으면서 안쪽은 아무렇게나 내버려 두고 있다. 바깥쪽은 높이가 3~4길[丈]이나 되지만 안쪽은 곧바로 오를 수 있는 곳도 있다. 또 바깥쪽에는 낮은 담(성첩)을 둘렀으면서도 안쪽에는 없다.

급한 변란이 발생했을 때, 낮은 담을 지키는 병사들 중에 죽을 게 뻔한데도 달아나지 않을 자가 있겠는가? 설령 평소에 잘 훈련되지 않은 오합지졸들이 모두 병기를 버리고 곧바로 도망가서 잠사나마 화살을 피하려 한다 해도, 이 또한 사람으로서는 어쩔 수 없는 일이다. 비록 군법이 있다 해도 이때는 어쩌지 못할 것이다. 따라서 낮은 담이 없는 성은, 성이 있어도 없는 것과 마찬가지이다.

넷째는, 성 위의 낮은 담에 뚫린 구멍이다. 구멍을 깎아서 아래쪽으로 향하게 하지 않았기 때문에 성이 높을수록 적군은 더욱 가까이 올 수 있다. 어떻게 탄환과 화살이 포물선을 그리며 날아가서 적을 정확히 맞힐 수 있겠는가? 하물며 성 밑에 연못과 해자가 없으니 말해 무엇하겠는가? 어떤 사람은, "우리 나라는 산에 의지해서 성을 쌓았기 때문에 연못을 팔 수 없다."고 말한다. 그래도 해자를 팔 수 있는 곳에는 반드시 파야만 한다. 단지 적군을 막는 것뿐만 아니라 물이 성 밑으로 스며들지 못하도록 하기 위해서이다.

다섯째, 성문 앞에 옹성甕城이 없다. 지금 흥인문興仁門(동대문) 한 곳은 옹성이 있지만 그것도 문이 없다. 또 간혹 지방 고을 중에도 있지만 그것도 낮은 담은 없다. 문이 없으면 지킬 수가 없고, 낮은 담이 없으면 지키는 병사가 올라가 있을 수가 없다. 단지 자신의 눈만 가릴 뿐이다.

어떤 사람은, "그까짓 옹성이 무슨 소용이냐?"고 한다. 하지만 성문이 곧 길이다. 문이란 한 번 무너지면 적군이 바로 들어오게 되어 있다. 다른 곳에 비해서 매우 중요한 것이다. 다른 곳은 길이 아니다. 지붕·벽·담·수목 등으로 막혀 있기 때문에 비록 무너지더라도 적군이 거침없이 몰려들지는 못한다. 그래서 반드시 옹성을 설치해서 성문을 지켜야 하는 것이다. 설령 옹성 문을 지켜내지 못해도 성문은 그대로 남아 있기 때문이다.

또 사방을 살필 수 있기 때문에 모든 방향에서 침입해 오는 적군을 막을 수가 있다. 옛날에 채경蔡京이 변경汴京성을 일직선으로 곧게 만들었더니 금나라 사람들이 대포를 네 귀퉁이에 설치해서 무너뜨렸다고 한다. 대개 화력火力은

채경 중국 북송北宋 말기의 재상이자 서예가. 휘종조徽宗朝에 환관 동관童貫의 도움으로 재상이 된 뒤, 전후 4회에 걸쳐 16년을 재상에 있었다.

변경 하남성河南省 북동부에 있는 도시. 남경南京.

금나라 사람 여진족을 말함. 여진족은 만주 동부에 살던 퉁구스계 민족으로 시대별로 춘추전국:숙신肅愼, 한:읍루挹婁, 남북조:물길勿吉, 수·당:말갈靺鞨, 송:여진女眞, 청:만주족으로 불렸다.

금나라 연표 :
1115년, 금 건국
1125년, 요(거란)를 멸망시킴
1127년, 송을 남쪽으로 몰아내고(남송) 중원을 점령
1234년, 몽고에 멸망
1616년, 누르하치가 후금을 건국(광해군8)
1636년, 국호를 청淸으로 바꿈(인조14)
1663년, 명을 멸망시키고 대륙 차지(현종4)
1911년, 청나라 멸망.

곧은 곳을 따라 터지는 것이다.

어떤 사람은, "그러면 토성土城이 어떠냐?"고 묻는다. 내가 평양과 안주安州를 지나면서 새로 쌓은 토성을 구경한 일이 있다. 원래 토성이 좋은 이유는 비에 젖어도 염려하지 않는, 대륙의 자연 성질과 같은 데 있다. 그런데 그 성은 대충 한 쪽만 담을 쌓았고, 회로 메운 곳도 돌처럼 단단하지 못했다. 높이는 어린아이나 기르는 소도 넘을 만큼 낮았다.

일반적으로 민가에서는 백 걸음 정도 길이의 담을 쌓는다. 그래도 매년 그 위에 짚을 덮으려면 힘이 모자란다. 하물며 5리, 10리나 되는 담이야 오죽하겠는가? 그대로 내버려두자니 아깝고 새로 덮으려니 그것도 매년 계속할 수가 없는 것이다. 여기에 드는 비용을 돌려서 성 근처에 벽돌 굽는 굴 수십 개를 만들 수는 없겠는가? 그렇게 했더라면 지금쯤 우리 나라의 성은 거의 다 벽돌로 만들어져 있을 것이다.

또 어떤 사람은 강화江華에 있는 벽돌성은 자주 무너져서 쓸모가 없다고 한다. 그 때문에 벽돌성을 쌓자고 처음 제안한 사람에게 그 잘못을 돌리고 있다. 그러나 그것은 쌓는 방법이 잘못된 것이지 벽돌의 잘못이 아니다. 회를 제대로 사용하지 않으면 벽돌은 없는 것과 마찬가지이다. 또 벽돌을 성의 두께대로 꽉 채워 쌓지 않는다면 성은 없는 것과 마찬가지이다.

지금은 토성 바깥쪽에 벽돌을 한 겹으로 붙여 쌓고 있다. 그런 상태에서 높게만 쌓으려고 하니 벽돌이 쉽게 떨어져 나가는 것이다. 이가영李嘉英은 "우리 나라의 성은 모두 그림 속의 성일 뿐이다."라고도 했다. 겉은 성처럼 보이지만 안쪽은 그렇지 않다는 말이다.

벽돌[甓]

벽돌은 크게든 작게든 마음대로 만들 수 있다. 일반 벽돌은
네 개를 쌓으면 면面이 고르고, 세 개를 나란히 세워서 쌓아
도 길이가 일정하다. 벽돌은 서로 문질러서 깨끗이 한 다음
에 쓰는데 그때 생긴 가루는 회에 섞어서 쓴다.

벽돌 굽는 가마는 마치 엎어 놓은 종처럼 나선형으로 생
겼으며 굴뚝이 그 위로 솟아 나와 있
다. 가마 안에는 벽돌을 한 줄 간격으
로 쌓는데 마치 방금 쪄낸 떡을 빽빽이
쌓아 놓은 것과 같다. 불문[火門]은 가마
한복판에 있다. 그래야만 불기운이 골
고루 퍼져서 먼 곳에 있든 가까운 곳에
있든 모든 벽돌이 그 열을 고르게 받을
수 있는 것이다.

한 가마에서 벽돌 팔천 개를 구울
수 있다. 땔나무로는 수수깡 두 수레
정도면 된다. 이것은 대략 말 4~5필이
면 운반할 수 있는 양에 불과하다. 옛
날에 어떤 가마 옆을 지나간 적이 있었
다. 그때 가마 주인이 가마 안으로 안

벽돌을 굽는 가마
(송응성 편 『교정천공개물』).

내해서 나눈 대화가 이와 같다.

　중국은 땅 위든 땅 속이든 5~6길이나 되는 건물은 모두 벽돌로 만들었다. 누대·성곽·담 등 높은 것은 물론이고, 교량·분묘·봇도랑·방구들·둑 등 지하 깊숙한 곳도 이에 해당한다. 마치 온 나라에 벽돌을 입힌 듯하다. 그래서 백성들은 수재나 화재 및 도둑, 그리고 젖어서 썩는 것, 붕괴되는 것 등에 대한 걱정을 하지 않는다. 이는 모두 벽돌을 사용했기 때문이다.

　벽돌의 효과가 이와 같은데도, 동방 수천 리 되는 지역 가운데 오직 우리 나라만이 이를 사용하지 않고 있다. 심지어 그 방법도 찾아보지 않으니, 매우 큰 잘못을 저지르고 있는 것이다. 어떤 사람은, "벽돌은 토질에 영향을 받기 때문에 우리 나라에서는 기와는 되도 벽돌은 안 된다."고 말한다. 그러나 이는 절대 그렇지 않다. 둥글게 하면 기와가 되고 모나게 하면 벽돌이 되는 것이다.

　중국에서는 작은 담도 성처럼 모두 튼튼하다. 벽돌을 사용했기 때문이다. 그래서 좁은 골목길에도 가게가 들어서 있고, 그 가게 뒤쪽은 모두 벽돌로 되어 있다. 마을의 출입구가 양쪽 끝에 있고, 그 위에는 누각을 올려 문을 닫고 지키게 한다. 마을로 들어가려면 이 문을 지나야 하기 때문에 시골에 있는 가게라 해도 도둑이 갑자기 공격해 오지 못한다. 옛날에 골목 싸움, 동네 싸움이란 것이 있었던 것은 대체로 마을 구조가 이렇게 되어 있었기 때문이다.

어떤 사람은 또 말하기를, "개인적으로 벽돌을 만들면 비록 나라에서는 이용하지 않더라도 자기 집에서만은 쓸 수 있을 것이다."라고 한다. 그러나 이 역시 틀린 말이다. 백성들의 일상용품은 반드시 서로 도와서 만들어야 하는 것이다. 그런데 성 안에 벽돌이 없어서 내가 혼자 만들려고 하면, 굽는 가마도 내가 만들어야 하고 때우는 데 쓰는 회도 역시 내가 마련해야 한다. 물건을 실어 나르는 수레도 내가 만들어야 하고 온갖 기술자의 일도 모두 내가 해야 한다. 그러니 벽돌을 만들어 봐야 그 이익이 얼마나 되겠는가? 혹시 시골에 살아서 흙과 땔나무가 모두 풍족하다면 모르겠지만 말이다.

지금 당장 벽돌을 사용한다면, 관청에서는 백성들이 만든 벽돌을 비싼 값으로 사들여야 할 것이다. 그러나 십 년 안에 나라 안의 모든 건물은 벽돌로 만들어질 것이다. 모든 건물을 벽돌로 짓는다면 벽돌값은 기다리지 않아도 저절로 싸질 것이다. 다른 물건도 모두 그러하다. 이것은 위에 있는 사람의 권한에 달려 있는 것이다.

서양은 벽돌로 집을 지어서 천 년 동안이나 보수하지 않아도 된다고 들었다. 집에 드는 비용이 상당히 절약되는 것이다. 만약 그렇게 했더라면 중국 진나라의 장대章臺●와 아방궁阿房宮●도 지금까지 남아 있을 것이고, 후세의 제왕들이 궁궐을 다시 짓기 위해 백성들을 혹사시키는 일도 없었을 것이다.

우리 나라 사람들은 아침에는 저녁 일을 걱정하지 않아서 수많은 기술이 황폐해지고 날마다 하는 일도 소란스럽기만 하다. 이 때문에 백성들에게는 정해진 뜻이 없고 나라에는 일정한 법이 없다. 그 원인은 모든 일을 임시방편으로 처리하는 데 있다. 그로 인해 생기는 해로움을 알지 못하면 백성이 궁핍해지고 재물도 고갈된다. 따라서 나라가 나라 꼴이 되지 못할 뿐이다.

만약 벽돌로 담을 쌓아서 수백 년 동안 허물어지지 않는다면, 이 나라에서 다시는 담을 쌓는 일이 없을 것이다. 또한 그로 인해 많은 것을 얻게 될 것이다. 나머지 일도 미루어 짐작할 수 있다. 그러니 오늘날 매달 담이 허물어지고 매년 집이 무너지는 것이 무슨 까닭이겠는가?

물 저장고[水庫]를 만드는 데 사용되는 물건이 여섯 가지가 있다. 이것은 쌓고, 덮고, 바르는 일을 위해 준비하는 것이다. 쌓거나 덮는 데에는 세 가지 물건이 사용된다. 모난 돌, 기와 벽돌, 자갈이 그것이다. 나머지 세 가지는 바르는 데 쓰는 석회石灰, 모래, 기와 가루다.

바를 때 쓰는 물건 세 가지를 섞으면 삼화회三和灰라 하고,

모래나 기와 가루 중에 한 가지를 빼면 이화회二和灰라 한다.

　석회는 푸른 것과 흰 것이 있는데 무늬가 촘촘하고 빛깔이 윤택해야 한다. 그렇지 않은 것은 엉성해서 잘 붙지 않는다. 구울 때는 나무나 석탄을 사용하며 가마의 불이 이틀 반 동안 꺼지지 말아야 한다. 잘 구워졌는지를 시험하는 방법은 먼저 돌 한 개의 무게를 달아 본 다음, 그것을 여러 가지 돌과 섞어서 굽는다. 다 구워진 뒤에는 꺼내서 그 무게를 달아 본다. 무게가 처음보다 3분의 1이 줄었으면 그 돌은 질이 좋고 불기운을 고르게 받았다는 것을 알 수 있다.

　모래는 세 가지 종류가 있다. 호수에서 나오는 것, 땅에서 나는 것, 바다에서 나는 것이다. 그 중에서 바다 모래가 가장 좋고, 땅에서 얻은 것이 그 다음이고, 호수 모래가 가장 처진다. 모래에는 또 세 가지 빛깔이 있는데 붉은 것이 가장 좋고, 검은 것이 그 다음이고, 흰 것이 가장 나쁘다.

　모래를 분별하는 방법에도 세 가지가 있다. 즉 문질러서 소리가 선명하면 순수한 모래임에 틀림없다. 또 자세히 살펴보아서 각각에 모가 나 있으면 그 또한 순수한 모래이고, 베 조각 위에 놓고 흔들어서 쏟아낼 때 먼지가 나지 않아도 순수한 모래라 할 수 있다. 그렇지 않으면 흙이 섞인 것으로 고르기는 하나 단단하지 못하다.

　기왓가루는 가마에서 나온 깨진 기와 조각을 쇠나 돌로 된 절구로 빻아서 고운 체로 친다. 막 나온 기와 조각이 없어서 헌 것을 써야 할 경우, 그것을 물에 씻고 햇볕을 쬐어서 바싹 말린 다음 역시 찧어서 고운 체로 친다. 이때 세 등급의 가루가 나온다. 아주 미세해서 석회와 같은 것을 고운 가루, 조금 굵어서 모래와 같은 것을 중급 가루, 두 번 쳐서 남은 것으로 크기가 콩알만 한 것을 찌꺼기라 한다. (모난 돌과 기와 벽돌은, 담을 쌓거나 덮개로 쓰려고 준비해 두는 것이다. 두 가지 모두 정해진 치수는 없다. 담을 쌓는 돌은 반듯하고 모난 것을 사용할 뿐, 넓거나 좁은 것, 길거나 짧은 것, 두껍거나 얇은 것에 일정한 치수를 두지는 않는다. 담이 두꺼우면 견고하고 견고하면 오래 간다. 덮개는 활처럼 휘어져야 하는데 휘어진 돌을 덮으면 반원半圓이 된다. 활처럼 휘게 하는 방법에는 세 가지가 있는데 자세한 것은 다음에 적기로 한다.)

자갈은 거위알만 한 돌로서 바닥을 만들기 위해 준비하는 것이다. 이것이 없으면 작은 돌을 대신 쓰기도 한다. 자갈이 커도 한 근斤*이 넘지 않아야 하고 작은 것과 마구 섞어서 쓴다. 자갈 혹은 작은 돌은 단단하고 윤기가 있어야 하고 무늬도 촘촘해야 한다. 그렇지 않으면 돌이 단단하게 붙지 않고 2일 반 즉, 60시간이 지나야만 완전히 굳는다.

가마는 부엌과 같고 기와 벽돌도 일종의 벽돌이다. 대체로 기왓가루가 벽돌 가루보다 좋다. 벽돌 가루를 쓰려면 조심해서 체로 가려내야 한다. 체는 그물로 만든 것이라야 하는데 찌꺼기를 가려내는 것이다. 찌꺼기는 체를 쓰지 않고 제법 큰 것만 가려서 버리고 나머지를 쓴다.

삼화회三和灰는 요즘 미장이도 많이 쓰는 것이다. 이때 섞

근 척관법尺貫法에 의한 무게의 계량 단위. 1근을 16냥인 600g으로 계산하는 경우와 100돈인 375g으로 계산하는 경우가 있다. 근의 유래는 고대 중국에서 생긴 것으로, 한대漢代에는 약 223g, 당唐나라에서는 이것의 약 3배였으며 송宋나라 이후 16냥이 600g으로 정립되어 오늘에 이르렀다.

어서 쓰는 것 중 하나가 흙이다. 그런데 흙만 사용하면 단단하지 않기 때문에 기왓가루를 섞어야 좋다는 것이다. 뒤에 말한 방법대로 하면 재료가 더욱 좋아진다.

서양西洋에는 특이한 물건(문맥상 현무암으로 추정됨)이 하나 있다. 흙 같으면서도 흙이 아니고 돌 같으면서도 돌이 아닌 물건이다. 땅 속을 파야 얻을 수 있는 것인데 큰 것은 탄환만 하고 작은 것은 콩알만 하다고 한다. 빛깔은 누르스름하면서도 검다. 구멍이 숭숭 뚫린 것이 마치 벌레가 나무에 파놓은 구멍 집처럼 생겼다. 돌은 확실한데 굉장히 가볍고, 문지르면 부서져 가루가 된다. 이것을 빻아서 모래나 기왓가루 대신 사용한다. 이 회즙灰汁이 돌의 빈틈으로 스며들어서 굳게 엉기면 강철보다도 더 강하게 된다.

수십 년 전에 오래된 수로를 파 본 자가 있었다. 그가 어느 정도 흙을 헤쳐 보았으나 그 아래로는 괭이나 호미도 들어가지 않아서 아무리 해도 더 파낼 수가 없었다. 하는 수 없이 밑으로 굴을 파서 뚫고 들어갔더니 그 때서야 그것이 무너졌다. 나중에 그곳에 발랐던 회를 보니 바로 이 가루를 쓴 것이었다. 두께도 반 치쯤밖에 되지 않았다.

이 방법이 처음 사용된 지는 매우 오래 된 듯하다. 그 햇수를 헤아려 보니 한漢나라 무제武帝 시대부터였다. 후세에 회를 쓸 때에도 이 물건은 매우 귀하게 여겨졌다.

어떤 사람이 칼집의 모형을 뜰 때, 이 물건을 회에 섞어서 발랐다고 한다. 그랬더니 크게든 예쁘게든 마음대로 만들 수가 있었고 완성된 뒤에는 청동이나 쇠보다 훨씬 견고

무제(B.C. 156~87) 전한前漢의 7대 황제. 중국의 대표적인 정복 군주로 동으로는 고조선을 멸망케 하고, 서로는 서역 지방을 개척하여 비단길을 열게 하였다. 남으로는 중국 최남단 지방까지 복속시키고, 북으로는 흉노를 외몽고 지역까지 쫓아냈다. 한편 안으로는 유교적 정치 이념을 표방하여 유교문화의 정착에 기여하였다.

했다고 한다.

그러나 이 물건이 있는 곳은 그리 흔치 않다. 아마 진秦 · 진晉 · 농隴 · 촉蜀 지방의 높고 양지 바른 곳이라면 틀림없이 어디든 많이 있을 것이다. 모양은 뜬돌[浮石] 같은데 덩어리가 작으며, 빛깔은 붉으면서 누르스레하고 질質이 약한 것이 서양 것과 다르다. 『본초강목本草綱目』*에서 찾아보니 토은얼土殷蘗과 같은 종류인 듯하다.

이것은 건조한 곳에서 생산된다. 유황硫黃기가 있는 곳이나 유황이 나는 곳, 혹은 온천溫泉이나 화석火石 · 화정火井(가스 분출구)이 가까운 곳, 또는 가끔 땅 속에서 도깨비불이 나는 곳이면 이 물건이 있다.

이것을 구하는 방법은 다음과 같다. 즉 어떤 곳을 살펴봐서 풀이 무성하지 않거나 무성해도 짧고 여위며, 또는 풀이 낮게 자란 곳 중 아주 작은 범위에 걸쳐 풀 한 포기 없는 맨땅을 골라서 몇 자만 파면 얻을 수 있다. 서양西洋에서는 이것을 파초랄라巴初剌那라고 하며, 그 물건을 구하기만 하면 토목 공사에 크게 도움이 된다고 한다.

기왓가루와 모래가 모두 없으면 청백석靑白石으로 대신하기도 하는데 이것도 기왓가루처럼 미세해야 한다.

제齊

제齊라는 것은 말[斗]이나 한 섬들이 용량에 반죽할 재료를 넣고 물을 넣어 섞은 것을 말한다. 제를 3등분했을 때 회灰와 모래를 1대 2의 비율로 섞어 죽같이 만든 것을 추제薆齊라 하고, 추제의 3분의 1만큼 물을 넣어서 섞은 것을 축제築齊라 한다.

미장할 때 쓰는 제齊에는 세 가지가 있는데 모두 죽처럼 섞은 것이다. 제를 4등분했을 때 기왓가루·모래·회를 각각 2대 1대 1로 조합한 것을 초제初齊라 하고, 제를 3등분했을 때 중간 크기의 기왓가루와 회를 2대 1로 조합한 것을 중제中齊라 하며, 제를 5등분했을 때 잔 기왓가루와 회를 3대2로 섞은 것을 말제末齊라고 한다.

제齊를 섞을 때는 되도록 많이 젓고, 천천히 그러나 힘을 다해 젓는다. 그렇게 하루에 두 차례씩 5일 동안 저어서 완성되는 것이 신제新齊다. 신제를 쌓아 놓을 때에는 항상 물을 뿌려 적셔 놓는다. 습한 곳에 구덩이를 파서 갈무리하고 흙을 덮어두는데 오래될수록 좋다. (회의 양을 측정할 때에는 반드시 가마에서 막 나온 회로 한다. 기왓가루를 측량할 때에는 절구로 빻아 놓은 가루로, 모래를 측량할 때에는 햇볕에 쬔 것으로 해야 한다. 이는 모두 건조한 것으로 측정해야 하기 때문이다.)

죽같이 만드는 이유는 제라는 것이 미장이가 담을 쌓고 회를 바를 때, 옆으로 밀면서 평평하게 하는 재료이기 때문이다. 너무 건조하면 잘 붙지 않고 너무 습하면 흘러내린다. 물을 섞어 만들어 벽돌 등을 쌓는 재료로 사용할 때는 묽은 죽처럼 하는데, 이것은 제란 것이 물을 대서 적셔 주는 재료이기 때문이다.

집을 짓거나 성의 담을 쌓을 때, 또는 구덩이에 옹벽을 만들 때에는 여러 가지 재료를 적당히 섞어서 사용한다. 물은 샘물이나 강물, 혹은 빗물 등을 이용한다. 그러나 소금기가 섞인 것과 방금 눈이 녹아 생긴 물은 쓰지 말아야 한다.

범凡이라 하는 것은 전체 수를 말하는 것이다.

벽돌은 크든 작든 간에 날벽돌(굽기 전의 벽돌)이 견고해야 하며 불기운도 충분히 받은 것이라야 한다. 8, 9월 중에 진흙에다가 물을 붓고 찐득찐득하게 이긴 뒤, 각각 그 크기에 맞는 틀에 찍어서 그늘에 말린다. 벽돌이 마른 뒤에는 믿을 만한 가마장이에게 위탁한다. 한 차례 불을 지펴서 구워 낸 뒤 불기운을 적당하고 고르게 받은 것을 골라낸다. 두드려 보아서 종이나 경쇠 소리가 나는 것이 가장 좋다. 쓸 때에는 다시 쪼기도 하고 갈기도 한다.

날벽돌을 항상 8, 9월에 만드는 이유는 겨울에는 토질이 굳어 엉기고, 봄 · 여름에는 푸석푸석해서 약하기 때문이다. 가마장이에게 물어보니, 가을에 만든 날벽돌은 열 개 중에 한 개도 깨지지 않는데, 봄 · 여름에 만든 것은 열 개 중 두세 개는 깨진다고 한다. 물론 이것은 확실한 경험에서 나온 말이다.

벽돌과 벽돌을 붙일 때에는 오동나무 기름에

두드려 이긴 아주 부드러운 석회를 쓴다. 벽돌 네 면 전체를
빈틈없이 바르면 둘째 층을 붙일 때에는 아래층은 이미 굳어
져서 움직일 수 없게 된다. 장인들이 집을 짓거나 담을 쌓을
때처럼 벽돌의 네 모서리에만 겨우 회를 사용하고 가운데는
바르지 않는 그런 구차스러운 꾀는 따르지 말아야 한다.

　벽돌 한 가마를 굽는 데는 네 사람이 나흘이면 된다. 그
동안에 풀이나 조粟 짚 300다발이 필요하다. 진흙이 잠기도
록 물을 붓고, 떡이나 국수처럼 반죽해서 벽돌판에 채운다.
각각의 벽돌판은 가운데에 나무를 막아서 두 개의 판으로
만든다. 그러면 흙이 잘 섞여서 아주 탁하게 되기 때문에 손
으로 다지지 않아도 제대로 섞인다.
　한 사람이 하루에 초전草甎 400개를 다지는데, 햇볕에 말
린 뒤 가마에 넣는다. 그런 뒤 밤낮으로 3일간 불을 때면
다 구워진다. 큰 가마에서는 만 개를 만들 수 있다. 벽돌 백
개를 팔면 은銀 1돈 2푼을 벌 수 있다. 한 가마에 네 사람이
3일 동안 일해서 벽돌 만 개를 만들면 은 12냥이 된다. 가마
가 작으면 일하는 사람 수와 날수[日數]가 줄어드는데, 벽돌 4
천~5천 개를 만들 수 있다.

기와[瓦]

중국 기와는 원의 4분의 1쪽, 즉 부채꼴 모양이다. 길이는

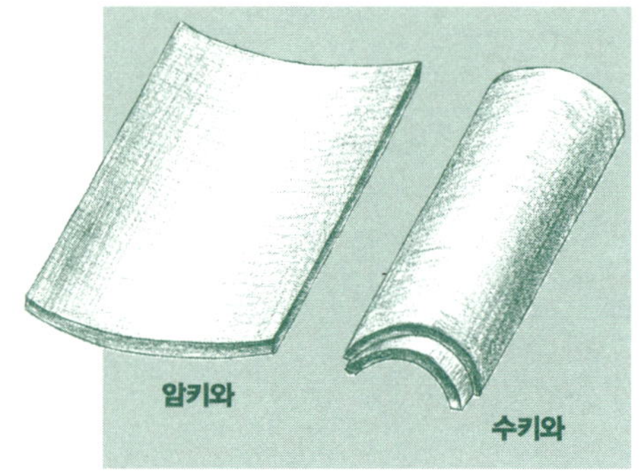

암키와

수키와

우리 나라 기와의 너비와 같고, 너비는 우리 나라 기와 길이의 절반이다. 수키와[雄瓦]는 없지만 좌우가 서로 맞는다. 궁궐이나 종묘에서는 원와鴛瓦*를 사용할 수 있으며 처마 끝의 원와는 모두 그 주둥이를 덮어 놓아서 말발굽 같다.*

원와 암수 한 쌍으로 된 기와.

*기와 처마 끝을 막음하는 기와를 말하는 것 같다. 이를 막새라 한다.

기와는 크다고 제일이 아니며 원와를 사용하지 않아도 무방하다. 기와가 크면 원도 커지므로 회를 많이 붙여야 한다. 요즘에는 기와를 덮을 때 위아래 모두 흙을 채운다. 그래서 지붕이 몹시 무거워져 쉽게 기울어진다. 또 여러 해가 지나면 흙이 빠져 나가서 기와가 떨어진다.

중국 기와는 원의 4분의 1과 같은 모양이니 그렇게 심하게 휜 것이 아니다. 또 암수가 서로 맞아서 두 기와 사이에는 틈이 거의 없다. 회로 붙이면 결국 돌처럼 굳기 때문에 중국 지붕은 새나 쥐가 뚫지 못한다.

담에는 통풍도 되고 밖을 내다볼 수도 있는 구멍이 있는데, 기와 두 장을 서로 합쳐서 쌓았다. 그런 곳에는 가끔 암수가 서로 맞는 것이 있는데 꼭 물결무늬처럼 생겼다. 넉 장을 합치면 둥근 모양이 되고, 서로 등지게 하면 노나라 돈[魯錢]과 같이 되며, 두 장씩 합쳐서 다섯 줄로 나열하면 꽃잎 모양이 된다. 이렇듯

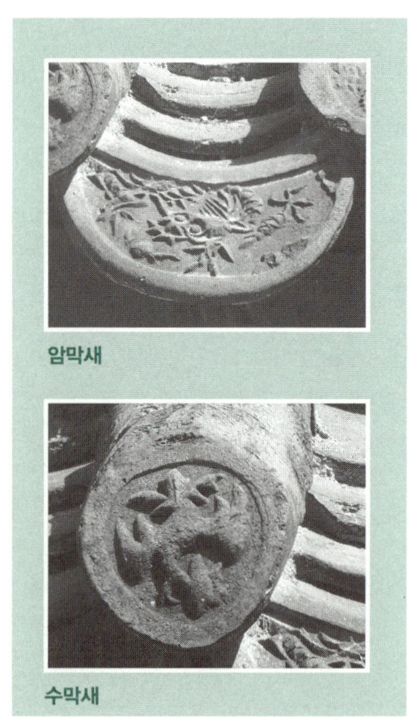

암막새

수막새

66

단지 기와 하나로도 최고의 무늬를 만들어 낸다. 모두 우리
기와로는 따라갈 수 없는 것들이다. 그 이유는 다름 아니라
우리 것은 크기만 하고 규격이 제대로 맞지 않기 때문이다.

자기[瓷]

중국 자기는 모두 아름답고 오묘하다. 황량한 마을에 다 쓰
러져 가는 집에도 황금색과 푸른색으로 채색된 항아리 · 술
잔 · 물동이 · 주발 등이 있다. 그 사람들이 사치를 좋아해서
가 아니다. 질그릇 기술자가 만든 것이라면 마땅히 그와 같
아야 하기 때문이다.

　우리 나라의 자기는 매우 거칠다. 그릇
밑에 모래알이 붙은 채 그냥 구워내기 때문
에 밥알이 더덕더덕 말라붙어 있는 것 같
다. 자기를 끌어당기면 밥상과 탁자에 흠집
이 생긴다. 씻어도 더러운 것이 그냥 끼어
있으며, 바닥에 놓아도 항상 건들건들하고
자주 넘어진다. 주둥이가 비뚤어진 것, 빛
깔이 깨끗하지 못한 것 등 일일이 열거할
수 없다. 아무리 나라에 법도가 없다 해도
이 정도에 이르면 너무 심한 것이다.

　순 임금이 하빈河濱에서 질그릇을 만들
때, 모양이 추하거나 흠이 있는 그릇은 하

자기를 굽는 가마
(송응성 편 『교정천공개물』(.

나도 만들지 않았다고 한다. 하夏·은殷·주周 삼대三代의 그
릇은 오래된 것일수록 더욱 정교했던 것이다.

요즘 운종가雲從街에는 수천 개의 자기가 진열되어 있지
만, 만약 삼대 시절이었다면 팔릴 물건은 하나도 없다. 깨버
려도 아깝지 않을 것들이다. 뿐만 아니라, 비록 아낄 만한
그릇이 있다 해도 그 또한 완전한 것이 못 된다. 지금 사옹
원司饔院에서 사용하고 있는 제사용 그릇이 매우 훌륭한 것
이라고들 하나 너무 두껍고 무겁다. 그런데 그렇게 만들지
않으면 쉽게 깨진다고 하면서 오히려 중국 그릇을 흠잡는다.

물건의 수명과 보존은 사람이 만지기에 달린 것이지 그
릇의 두께에 좌우되는 것이 아니다. 그릇만 믿고 방심하기
보다는 그릇을 아끼며 늘 조심하는 마음을 갖는 것이 더욱
중요하다. 일례로 혼례 잔치 때나 사신을 접대할 때 혹은 제
사 지내는 날, 사람들의 손에서 부서지는 그릇이 얼마나 많
은지 그 수를 알 수 없을 정도다. 이것이 어떻게 그릇의 탓
이겠는가? 처음부터 공예가 거칠었다. 나중에는 그것이 버
릇이 되어서 백성들도 거칠어졌다. 즉 거친 그릇에 익숙해
지면서 마음마저 거칠어진 것이다. 이것이 계속되다 보니
풍습이 아주 그렇게 되어 버렸다.

이것은 한갓 도자기의 품질이 나쁘다는 것으로 끝날 일
이 아니다. 문제는 나라의 모든 일이 이를 닮아 간다는 것이
다. 하나의 작은 물건에 불과하다고 하여 가볍게 여길 일이
아니다. 마땅히 도공들에게 단단히 경고해서 법도에 맞지
않은 그릇을 시장에 내놓지 못하도록 해야 한다.

어떤 사람은 이런 말을 하기도 한다. "어떤 사람이 자기 만드는 기술을 익혔다고 하자. 그 사람은 마음과 힘을 다하여 그릇을 만든다. 그런데 나라에서는 판매량도 제대로 알지 못하면서 세금만 많이 거두려고 한다. 그러면 대부분의 사람들은 그 기술을 배운 것을 후회하고 내팽개쳐 버릴 것이다."

일본 풍속은 어떤 분야든 일단 그 기술과 재능이 천하 제일이라는 명성을 얻기만 하면, 비록 그 사람의 재주가 자기보다 못하다는 사실을 분명히 알더라도 반드시 그 사람에게 가서 배운다고 한다. 그래서 그로부터 자신의 잘잘못을 평가받아 자신의 기술력을 알아보도록 한다고 한다. 이것이야말로 기술을 권장하고 민간의 풍속을 일관되게 하는 길이 아니겠는가?

대자리[簟]

중국에서 많이 쓰이고 있는 것이 세 가지가 있다. 수레·벽돌·대자리가 그것이다. 물건을 수레로 옮기고 벽돌로 쌓고, 대자리로 덮는 것이 집 짓는 일의 절반을 넘는다.

대자리는 원래 우리 나라에

대자리 발
ⓒ 농업박물관

서도 사용해 왔지만 폭이 좁고 전체 넓이도 작다. 요즘은 가게 집 온돌이나 배 안에서도 많이 쓰고 있는데, 간혹 큰 것도 있지만 면이 고르지 않다.

중국의 대자리는 모두 그 치수를 구들의 넓이에 맞춘다. 집을 지을 때에 서까래를 올리면 곧 그 위에 대자리를 까는데, 빛이 깨끗하고 무늬가 촘촘해서 밑에서 고개를 들고 흙손질을 할 필요가 없다. 또 나무를 걸쳐 놓을 필요도 없다. 그래서 지붕이 매우 가벼워지기 때문에 기울어지지 않는다.

또 여름 한낮에 햇빛이 불같이 내리쬐면 시장 거리 양쪽에 지붕보다 높은 긴 대막대기를 세워 놓고 그 위에 대자리 발을 걸친다. 발이 그 거리의 폭만큼 넓어서 가장 큰길 이외는 어느 곳에서나 햇빛을 볼 수가 없다. 그리고 이 대자리는 모두 돈을 주고 빌려 온 것인데 가을이 되면 대자리 주인이 걷어 간다고 한다 .

조선 사신이 묵는 조선관朝鮮館 앞뒤의 뜰과 통역관이 머무는 곳에도 중국 공부工部에서 설치한 발이 있다. 발 한복판 두세 장을 노끈으로 맨 다음 서로 당겨지게 하여 마음대로 여닫게 하였다. 노끈을 기둥에 매어 두었다가 해가 저물 무렵 방이 먼저 어두워지면 발을 걷어서 햇빛이 들도록 하였다. 혹은 평상平床을 발 아래로 옮겨 놓고 앉아서 바람을 쐬고, 일을 마치면 다시 덮는다. 상갓집 문 안팎에는 반드시 대자리 지붕을 높다랗게 매달아서 불경을 염하는 장소로 사용한다. 마당놀이와 연극을 하는 곳도 마찬가지였다.

대자리를 당마루*와 서까래*에 겹겹이 덮어 놓아 그 모습이 아득하게 보이며, 비바람도 들지 않아 집은 완연한 하나의 궁전이었다.

가옥[宮室]

가옥[*]은 모두 一자로 만들어져 건물들이 서로 이어지거나 꺾이지 않았다. 첫 번째 집이 가장 주된 위치에 서고 좌우 행랑이 소목昭穆에 따라 각각 그 위치에 맞게 늘어서 있다.[*] 그리고 앞뒤의 방향은 달라도 배열은 대체로 같아서 전체가 3중, 4중으로 되어 있다.

문은 반드시 중앙에 설치한다. 그래서 문을 활짝 열어제치고 바라보면 사람이 점점 작게 보이고, 문도 끝 쪽이 점점 작아 보인다. 멀면서도 곧기 때문이다.

한 채의 길이는 대략 4~5칸이고 넓이는 5량樑인데, 한 칸은 우리 나라 것에 3분의 1을 더한 크기이다.

중문中門 안쪽으로 3분의 1 되는 지점에는 동서로 두 개의 작은 문이 있다. 그 작은 문 안쪽으로 다시 3분의 1 되는 곳에 남북으로 마주한 구들이 있다. 구들 남쪽에는 모두 창문이 달려 있다. 창문은 반드시 안쪽에서 들어서 걸게 되어 있다. 먼지받개와 같은 구실을 하도록 한 것이다. 구들은 사람이 걸터앉을 만한 높이이며 구들 밑에는 모두 벽돌이 깔려 있다.

부엌은 중문 안쪽 네 귀퉁이나 남쪽 처마 밑, 혹은 작은

가옥 궁궐뿐 아니라 일반 가옥을 궁실이라 함.

[*] 소목은 사당에서 신주神主를 모시는 차례로 왼쪽이 소, 오른쪽이 목이다. 1세는 가운데에, 2·4·6세는 소에, 3·5·7세는 목에 모신다. 『주자가례』에 따라 황제는 3소3목의 7대, 제후(조선 포함)는 2소2목의 5대, 사대부는 1소1목의 3대를 모신다. 여기서는 가옥의 배열을 말하는 것 같다.

문 안쪽에 설치했다. 모든 굴뚝은 정성을 다해 만들었으며, 작은 탑 정도의 높이였다. 혹은 벽에 붙여서 지붕 위로 솟아 나게 하였고, 땅 속으로 굴을 파서 마당에 따로 빼 놓기도 하였다.

가겟집 뜰은 활쏘기를 할 수 있을 정도로 넓었다. 그래서 수레와 말이 지나 다닐 수 있고, 그 안에서 가축을 기르기도 한다. 너무 탁 트인 것이 싫으면 작은 담을 설치하여 문 앞을 가리기도 한다. 벽돌을 한 장 간격으로 띄워 쌓아서 괘卦*를 음각해 놓기도 하며, 혹은 가운데를 비워서 아亞 자와 같은 모양으로 창문을 대신하게 하였다. 이는 벽돌을 줄이는 효과도 있다.

벽돌에 회를 바르고 먹으로 난초나 국화 따위를 그리기도 하였다. 벽은 여러 가지 돌로 쌓았다. 뜰에 있는 섬돌이 고르지 않으면 청회靑灰를 둘러서 모두 가요哥窯*처럼 만들었다. 때론 지붕 양쪽에 둥근 창을 뚫었는데, 벽돌로 이어서 바람을 막도록 하였으며 마치 칼로 벤 듯한 모양이었다.

기와 지붕을 만드는 방법도 또한 마찬가지인데 이를 당마루 없는 지붕이라고 한다. 혹은 말하기를, "요동벌에는 바람이 많이 부는데 당마루를 낮추고 흙을 덮으면 기와가 날아 가지 않는다."고 한다.

산해관山海關* 동쪽에는 가난한 백성들이 대부분 흙집을 짓고 산다. 집 짓는 방법은 다음과 같다. 삼면에 담을 쌓고 앞쪽 한 면에는 나무를 걸쳐서 문틀을 만든다. 그런 다음 옥수숫대를 긴 횃대같이 다발로 묶어 지붕을 덮는다. 서까래나 기와 대신 쓰는 것이다. 여러 겹으로 덮으면 두께가 두어 자 정도 되며 당마루가 둥그스름해지면서 평평해진다. 그 위에 흙이나 잡회雜灰를 덮는다. 꼭대기를 평평하게 하는 것은 비가 오더라도 덮은 흙이 흘러내리지 않게 하기 위해서이다.

　모든 초가 지붕은 14~15년마다 한 번씩 갈아 덮는다. 그 방법은 다음과 같다. 우선 짚을 사용하되 검불은 버리고 뿌리도 잘라낸다. 그런 다음 잘 간추려서 한 줌 정도를 처마 끝에 늘어놓는다. 이때 뿌리 쪽은 아래로, 이삭 쪽은 위로 가게 하며, 짚 한 줌에 진흙 한 덩이를 눌러서 벼를 거꾸로 심는 것처럼 한다. 두께가 두 자 이상 쌓이면 방망이로 두들

초가
우리 나라(좌)는 이삭 쪽을 처마 끝으로 가게 펴는 반면 중국(우)은 뿌리 쪽을 단일하게 잘라서 처마 끝 쪽으로 늘어놓는다.
(송응성 편 「교정천공개물」).

겨서 단단히 붙도록 한다. 점점 올라가면서 비늘 달 듯 하는
데 각 비늘 사이를 매우 짧게 한다. 맨 처음 쌓은 것이 두껍
게 되면 짚 뿌리는 점점 높아지고 이삭 쪽은 점점 낮게 되어
서 두 번째 비늘에 이르러서는 짚이 거의 거꾸로 서게 된다.
때문에 지붕을 덮은 자리는 말의 갈기털을 깎은 후 그 끝을
보는 것 같아야 한다. 당마루는 진흙이나 회를 발라서 누르
고, 지붕 양쪽은 긴 나무막대기나 돌덩이로 눌러 둔다. 기와
로 당마루나 양 옆을 덮어 마치 옷에 선을 두른 것 같다.

  짚은 우리 나라 것에 비해 그 크기가 5~6배나 된다. 대체
로 요동에는 논이 없기 때문에 모두 조粟 짚을 이용한다. 물
론 남방에서는 볏짚을 이용한다. 우리 나라 지붕은 빗질한
머리나 솔질한 털처럼 생겼다. 한 줄기의 풀일지라도 세워
두면 묵墨이 닳듯 천천히 썩지만, 눕혀 두면 종이처럼 빨리
썩는 것이다. 이것이 지붕 덮는 방법에 있어서 중국과 우리
나라의 차이인 것이다.

  중국의 가옥은 상당히 크고 넓어서 아기자기한 맛이 없
다. 그러나 대략 다음 몇 가지 점에서는 좋다. 첫째, 모든 처
마가 다 나름대로 쓸모가 있다. 따라서 지붕 밑은 한 자 한
치라도 모두 유용하게 쓸 수가 있다. 둘째, 벽돌로 쌓아서
기울어지지 않는다. 셋째, 벽이 두꺼워서 춥지 않다. 넷째,
한 번 문을 닫으면 광문·궤짝문·부엌문·방문 등이 모두
잠기는 셈이니 밤에 도둑을 경계해야 하는 걱정을 다소나마
덜 수 있다. 비록 들녘에 외따로 있는 집이라도 담이 설치되

어 있다.

　우리 나라는 1,000가구가 사는 고을에도 반듯하고 살 만
한 집이 한 채도 없다. 잘 다듬지 않은 재목을 평평하지도
않은 터에 세운다. 재목을 새끼줄로 대충 묶고는 기울어졌
는지 바르게 섰는지도 살피지 않는다. 진흙을 손으로 직접
바르면서 흙손을 찾지도 않는다. 문에 틈이 있으면 개가죽
을 찢어서 못으로 박아 놓아 그 못에 옷이 걸리기 쉽다. 머
리 땋듯이 짚을 땋아서 붙이기도 한다. 방구들은 튀어나오
기도 하고 움푹 들어가기도 하여 앉을 때나 누울 때나 몸이
항상 한쪽으로 기운다. 또한 불을 지피면 연기가 방 안에 가
득하여 숨이 막힌다. 창이 찢어지면 해진 버선으로 막기도
한다. 이렇듯 우리의 가옥에는 지나칠 정도로 법도가 없다.
　백성들은 눈이 있어도 반듯한 것을 본 적이 없고, 손이
있어도 정교한 것은 익히지 못했다. 아무리 뛰어난 공예 기
술자들이라 해도 그 또한 이 사람들 중에서 나왔다. 따라서
서로 물들어 버려 모든 일이 거칠고 조잡하기만 하다. 이러
한 때에 비록 뛰어난 재주와 밝은 지혜를 가진 사람이 있다
고 해도, 이미 이런 풍습이 이루어져 있으니 이를 없앨 방법
이 없다.　그렇다면 앞으로 어떻게 해야 할 것인가?　중국을
배우는 수밖에 없다.
　지금 도성 안에도 더러 화려한 저택이 있기는 하다. 그러
나 그 집 대청마루나 온돌방에도 바둑판을 평평하게 놓을
수가 없어 바둑판의 한쪽 다리를 바둑돌로 괴어야만 한다.

일반 백성의 작은 집에서는 일어설 때 머리를 똑바로 들지 못하고 누워서는 다리를 쭉 펼 수 없다. 그러니 비록 집이 100채가 있다 해도 중국 집 10채만도 못한 것이다.

또 하숫물이 빠져 나가지 못해서 변소는 항상 오물로 가득 차고, 비가 조금만 와도 빗물이 부엌으로 흘러 들어온다. 또한 냇가에 있는 집은 모두 개울물이 넘칠까 봐 걱정하면서도 단지 여름비만 원망한다. 왜 그럴까? 중국처럼 도랑을 파고 둑을 쌓지 않았기 때문이다. 또 땅이 높은지 낮은지를 잘 살피지도 않고, 냇물이 말라서 모래 바닥이 조금만 드러나도 경계를 무시하고 집을 짓는다. 때문에 냇물이 자주 막히고 길도 원활하게 소통되지 못한다.

사정이 이러하니 가옥 구조가 정밀한지 조잡한지는 논할 필요조차 없다. 오히려 이를 통해 국가의 법제가 잘 갖추어졌는지 아닌지를 엿볼 수 있다.

일본은 구리 기와를 쓰는 가옥과 나무 기와를 쓰는 가옥의 차이는 있다. 그러나 한 칸의 넓이와 창문의 치수에 있어서는, 위로는 임금·관백關伯*으로부터 아래로는 가난한 백성의 집에 이르기까지 차이가 없다. 가령 문짝 하나가 없으면 시장에 가서 사오는데, 집을 그대로 옮긴 것처럼 꼭 맞는다. 칸막이 문과 탁자 같은 것도 부절符節*처럼 꼭 맞는다. 뜻밖에도 중국 『주관周官』*의 일부가 오히려 섬나라 한 가운데에 있는 셈이다.

창문[窓戶]

중국에서는 창문에 단청丹靑을 하거나 그렇지 않으면 종이를 바깥쪽에 바른 것이 많다. 대개 창은 안쪽에서 밀치는 것이 많다. 때문에 종이를 바깥쪽에 바르면 문을 여닫을 때 손이 종이에 닿지 않는다. 또한 비바람은 밖에서 안으로 들이치기 때문에 바깥쪽에 바른 종이는 안쪽에서 창살이 버텨주어 떨어지지 않는 것이다.

햇빛이 바로 비쳐서 문살 그림자가 없기 때문에 훨씬 밝으며 또 문살 사이에 먼지가 쌓이지도 않는다. 비록 작은 일이라도 눈여겨볼 만한 것이다. 문 안쪽에는 끈을 매고 방울을 달았는데, 문을 조금만 열어도 딸랑딸랑 소리가 난다.

돌층계[階砌]

우리 나라에는 흐르는 물에 닳아서 주먹만해진 돌들이 물가에 많이 있으나 너무 둥글고 매끄러워 쓸모가 없다. 간혹 돗자리 짜는 노끈에 매달아 쓰는 일이 있으나 대체로 하나의 버린 물건에 지나지 않는다.

그런데 중국 사람들은 이 돌을 돌층계 사이에 깔아서 낙숫물에 파이지 않게 한다. 때로는 발에 밟혀서 잘게 부서지기도 한다. 각기 그 모양에 알맞게 가로로 혹은 똑바로 세워 놓아, 마치 꽃이나 새가 거꾸로 서 있는 것 같이 보인다.

북경의 큰길은 우리 나라 육조六曹 거리보다 3분의 1 정도 더 넓다. 모든 문 앞에는 물 항아리를 놓아 둔다. 자주 물을 뿌려서 먼지가 나지 않도록 하며 아울러 화재에도 대비하는 것이다.

통주通州*에서 조양문朝陽門*까지의 40리 길에는 전부 돌을 깔았는데 그 폭이 두 칸이다. 큰 돌은 비석처럼 평평하게 갈아서 도로에 깔았다. 또한 세모난 돌과 네모난 돌을 서로 어긋나게 깔아서 수레로 인해 바닥이 갈라지는 것을 방지했고, 폭우가 쏟아져도 버선발로 다닐 수 있을 정도다. 성문과 다리 양쪽 입구에도 전부 돌을 깔아서 아무리 많은 사람이 밟고 지나가도 쉽게 닳지 않도록 했다.

심양瀋陽에서 북경까지 가는 길 양쪽에는 전부 나무를 심었다. 가끔 한두 역참驛站* 사이에 나무를 심지 않은 곳도 더러 있지만, 행인들은 1,500리 거리에 걸쳐 계속되는 녹음 속을 거닐 수 있다. 요동 들판은 아득히 넓어서 쉴 만한 작은 둔덕 하나 없다. 폭풍이 불 때나 한창 더울 때에 만약 이 가로수들이 없다면 사람들은 그 어디서도 휴식을 취할 수 없을 것이다.

길가에 나무를 심도록 하는 이러한 법령이 시행된 것은 옹정雍正* 연간이었다. 그런데 우리 나라 사람들이 이를 보고 수나라 때 변경汴京에 버드나무를 심게 했던 것과 같은 것이라고 한다. 그러나 그렇지 않을 것이다.

통주 중국 하북성에 속한 현縣. 북경에서 가깝다.

조양문 중국 직예성直隸省 조양현의 성문.

역참 말이 준비되어 있는 역. 국가의 명령과 공문서의 전달, 변경의 중요한 군사 정보, 그리고 사신 왕래에 따른 접대 등을 위하여 마련된 교통 통신 기관의 하나. 역참은 군사·외교면에서 뿐만 아니라 중앙집권국가를 유지하는 데 중요한 역할을 했다.

옹정 청나라 세종의 연호年號. 사용 연대는 1723(경종3)~1735(영조11).

큰길만 그런 것이 아니다. 모든 중국 사람들이 열심히 나
무를 심는다. 시내 거리나 골목길에도 구름처럼 무성한 나
무가 서로 얽혀 화려하게 꾸며져 있었다. 완연히 한 폭의 그
림과 같았다. 지금 우리 나라에는 오직 평양 대동강가의 수
십 리 길에 늘어서 있는 수목만이 보기에 아름다울 뿐이다.
다른 지역도 평양˚처럼 한다면 10년 안에 모든 길이 수목으
로 우거질 텐데 이를 알지 못하고 있다.

길 양쪽에는 반드시 도랑을 파 놓았다. 이는 길
을 닦는 일일 뿐 아니라 논밭도 보호하는 일이
다. 황제가 다니는 길은 황토로 쌓았는데 두
께가 거의 한 자 가량 되고 폭은 보통 길과
같다. 길은 거울같이 평평하게 다져 놓았
고 양끝은 깎은 듯하다.

황제가 다가올 8월에 성경盛京과 흥경興
京˚에 있는 능陵을 배알하러 가기 위해서
조서를 내려 직선 도로를 닦도록 명하였다.
그때는 4, 5월이었는데 각 군郡과 현縣에서
는 기일에 앞서 미리 인력을 동원하였다. 그
런데 흙 삼태기와 가래를 가지고 모인
사람이 서로 얼굴을 마주
댈 정도로 많았다.

푯말을 세우고
줄자에 맞추어 길
을 닦았기 때문에,

서서 보아도 굽은 곳이 전혀 없고 옆에서 자세히 보아도 기울어진 곳이 한 곳도 없다. 높은 곳은 깎아 내고 깊은 곳은 메운 후 새 흙을 깔고 고무래*로 다진다. 길 가운데는 폭이 두 칸이고 양 옆으로 각각 한 칸 넓이의 작은 길을 만들어서 호위하는 시종들이 늘어서도록 하였다.

일정한 폭만큼 줄자에 맞추어서 흙을 일궈낸다. 그래서 백성들의 밭에 방금 심은 것이라도 모두 베어낸다. 길을 닦은 지 오래되어 풀이 나면 다시 깎고, 사람들이 다니는 것을 금한다. 9월에 유득공柳得恭*이 심양에 갔다가 왔는데 길 양쪽에 세웠던 거마목巨馬木*이 모두 누른빛이었다고 한다.

역참은 60리里마다 있다. 그 길 옆에는 사방 100보 되는 땅을 다져서 행궁行宮*이 머물러 숙박할 수 있도록 하였다. 또 10보 간격으로 반드시 두어 말 정도의 흙을 쌓아 놓아 유사시 보충할 흙으로 준비하였다.

지금 우리 나라에서 길을 닦을 때에는 항상 땅 표면만을 긁어서 흙 색깔만 새롭게 할 뿐이다. 실제로는 몇 발자국도 평평하게 만들지 못한다. 또 돌을 깐 것도 평평하지 못하고 울퉁불퉁하여 넘어지기 쉽다.

일반 백성들이 가게를 열어 물건을 매매하는 곳을 가가假家라 한다. 처음에는 문 위에 임시로 설치한 방처럼 옮겨 들일 수 있는 것에 불과했다. 그런데 차츰 흙을 바르고 건물로 쌓아서 드디어 길을 차지하게 되었다. 문 앞에는 나무까지 심어서 말을 탄 사람들이 마주치게 되면 길이 좁아서 다닐 수가 없는 경우도 있다.

길과 거리에는 모두 일정한 치수가 있는 법이고, 율법에도
거리와 골목을 점령하여 방을 만들고 집을 증축하는 것을 처
벌하는 조항이 있다. 마땅히 이 법을 살려서 단속해야 한다.

교량橋梁

모든 다리는 무지개 형태로 만들어졌다. 큰 다리 밑으로는
돛단배가 지나갈 수가 있고, 작은 다리도 거룻배 정도는 통
행할 수 있다. 벽돌로 만든 다리는 먼저 나무 기둥을 설치하
고, 각각의 기둥을 한 개의 큰 벽돌로 받친 다음 다시 기둥
주위를 벽돌로 둘러 쌓았다. 그
러니 기둥이 물에 젖을 리가 없
다. 무지개 모양의 다리 자체도
나무로 틀을 만들었다가 벽돌이
마른 뒤에 빼낸다. 다리에는 반
드시 난간이 있다. 나무 난간에
는 붉은 칠이 빛나고, 돌 난간에
는 천록天祿과 사자獅子 등을 새
겨 놓았는데 입을 딱 벌리고 있
는 것이 마치 살아 움직이는 듯
하다.

　대체로 다리는 둥근 것이 좋
다고 한다. 그렇게 해야 다리를

천록　짐승 이름. 사슴처럼 생겼
고 꼬리가 길며, 뿔이 하나다.

다리　중국 하천에는 이와 같은 무지개 다리가 많다.

높게 할 수 있기 때문이다. 지금 성 안에 있는 돌다리는 모두 평평해서 큰비가 오면 항상 물로 넘친다. 고을을 관통하는 큰길에도 1년 이상 견디는 다리가 없다. 나무를 깎아 세운 후, 그 위에 솔잎을 얹고 다시 흙을 덮은 뒤 다닌다. 그래서 말이 발을 빠뜨리는 경우가 많다. 또한 다리가 무너질까 봐 백성들을 동원하여 물에 들어가 교각을 붙잡고 서 있게 한다. 당장 다리가 무너져 사람과 말이 다 빠지게 생겼는데 그들의 힘만으로 다리를 붙들고 있다고 해서 그 위험에서 벗어날 수 있겠는가? 이렇듯 그 근본을 무시하고 있으니 실속이 없는 것이다.

자산子産* 은 다리를 만들지 않고 수레에 사람을 태워서 물을 건네주는 것도 정치할 줄 모르는 것이라 말했다. 지금 아무 때나 백성을 동원하여 하루 종일 물 속에 서 있게 한다면 도대체 저 다리는 무엇에 쓰려고 하는 것인가? 나는 그 백성들이 더운 철인데도 추워서 떨고 있는 것을 민망하게 생각했다. 그래서 사행使行 길에, 내가 모시던 사신使臣에게 이런 일이 생기지 않도록 해 달라고 청하였다. 이런 종류의 예는 너무 많다. 그러니 어떻게 백성들이 번거롭지 않겠는가.

따라서 백성을 편하게 하려면, 먼저 기구를 편리하게 쓰도록 해야 한다. 편리하게 쓰여야 일을 잘했다고 할 수 있다. 일을 잘한 뒤에야 베개를 높이 하고 누울 수 있는 것이다.

축목畜牧

요동 땅 좌우 20리에서는 닭과 개 우는 소리가 서로 들리고 가축이 무리를 지어 다닌다. 길에는 걸어다니는 사람이 거의 없으며 거지들도 나귀를 타고 다닌다. 조금 잘 살면 가축이 10여 종에 수백 마리에 이른다. 말·노새·나귀·소가 각각 10여 필, 돼지와 염소가 또한 각각 수십 마리, 개 여러 마리에다 낙타 한두 마리, 그리고 닭·거위·오리를 각각 수십 마리나 기른다. 또 비둘기·화미畵眉·납취蠟嘴·동취銅嘴* 등을 무늬가 새겨진 새집이나 채색된 방 안에 넣고 길들이는 것을 즐거움으로 삼는다.

관마산官馬山이란 산이 있다. 이 산은 관에서 경영하는 목장으로, 산 전체가 거의 말로 뒤덮여 있을 정도였다. 그 밖에도 수천 마리가 무리를 이루어 들판에 방목되는데, 눈이 내려도 제멋대로 먹고 마시게 내버려 둔다. 만약 이 말들을 모두 마구간에 넣어 곡식을 먹여 키우려고 한다면, 황제에 버금가는 부자라 해도 이를 다 감당하지 못할 것이다.

가축 중에는 때에 따라 일을 시켜야 할 것들도 있다. 그럴 때는 일의 비중에 따라 먹이를 두 배로 주기도 한다. 어떤 때는 하루에 곡식 두 말을 주기도 한다. 사료는 모두 소금에 볶은 보리·옥수수·콩 등이고, 겨·쭉정이·지게미* 등 사람이 먹지 못하는 것들은 주지 않는다. 다른 가축의 먹이도 곡식이 대부분이다.

어떤 글에서 본 적이 있는데, 옛날 사람들은 흉년이 들면 말에게는 조를 먹이지 않았다고 한다. 그렇다면 평년에는 조를 먹였다는 것을 알 수 있다. 어떤 사람은 말하기를 "중국에서 말에게 먹이는 곡식이 우리 나라 사람 전체가 먹는 양의 반은 된다."고 한다. 그러나 이는 지나친 말이고, 말에게 충분히 먹일 수 있을 만큼 곡식이 풍부하다는 것을 말한 것일 뿐이다.

중국인들은 날이 저물면 좋은 말을 잡아 타고 들에 나간다. 소리를 내지르고 막대기를 휘두르면서 몰아대면 말과 가축들이 모두 그를 따라 축사로 들어간다. 말 무리가 흐트러지거나 놀라 날뛰지도 않는다. 그래서 10여 살 된 아이라도 충분히 그 일을 맡을 수 있다. 각각 수백 마리의 양과 돼지를 몰고 가는 사람들이 길에서 서로 마주치게 되면 순식간에 서로 섞여서 다시는 통제할 수 없는 상황이 된다. 그러나 휘파람을 한 번 불고 채찍 소리를 내면 가축들은 머리를 각각 동쪽이나 서쪽으로 돌려서 원래의 방향을 찾아간다.

목축이라는 것은 나라의 큰 정치다. 농사일은 소를 기르는 데 있고, 군사 일은 말을 훈련시키는 데 있으며, 푸줏간 일은 돼지·양·거위·오리를 치는 데 있는 것이다. 지금 사람들은 도대체가 이런 일을 익히려 들지 않는다.

고기라면 반드시 쇠고기를 먹어야 하고, 말은 반드시 마부가 있어야 하고, 양은 개인적으로는 기르는 일이 없다. 돼지 너덧 마리를 몰고 가도 돼지의 귀에 줄을 꿰고 가야 한다. 그래도 혹시 돼지가 달아나거나 서로 부딪치지 않을까 하고

걱정을 한다. 이처럼 짐승을 다루는 방법이 점점 궁색해져
가고 있다. 짐승을 다루는 방법이 궁색해지니 나라도 점차
가난해진다. 이것은 중국을 배우지 않은 잘못 때문이다.

소[牛]

중국 소는 대부분 코를 뚫지 않는다. 그러나 남방南方 물소는
그 성질이 사납기 때문에 코를 뚫는다. 가끔 평안도 개시開市
에서 중국으로 팔려온 우리 나라 소가 있는데, 콧대가 낮아
서 쉽게 구별할 수 있다.

중국 소는 뿔이 울퉁불퉁하고 고르지 못하나 휘어서 바
르게 할 수 있다. 털빛이 온통 푸른 것도 있다고 하나 보지
는 못했다. 이곳에서는 소를 항상 목욕시키고 손질해 준다.

우리 나라에서는 일반적으로 소를 코뚜
레를 하여 외양간에 가둬 둔다.

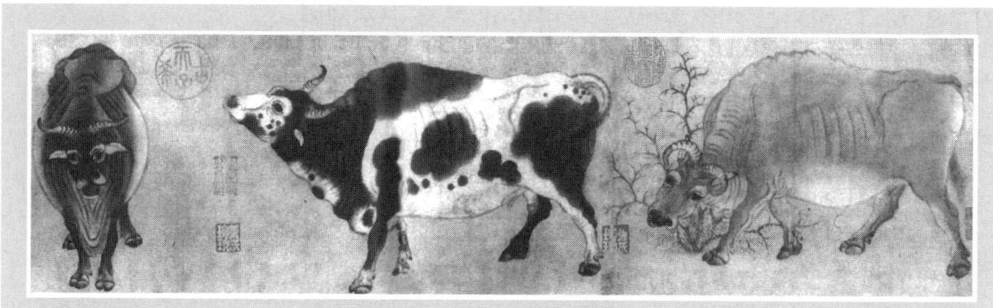
오우도五牛圖 당나라 때 한황이 그린 그림의 일부분. ⓒ 북경 고궁박물관.

우리 나라의 소가 죽을 때까지 씻기지 않아, 털이 똥으로 더
럽혀진 채 말라붙어 갈라지는 것과는 다르다.

당나라 시[唐詩]에,

기름으로 파랗게 칠한 수레 경쾌한데,
금빛 송아지 살쪘도다.

라고 했는데 이는 털빛의 윤택함을 말한 것이다.

또 이곳에서는 소의 도살을 금한다. 북경에는 돼지 고깃
간이 72개소, 양 고깃간이 70개소가 있는데 한 곳에서 하루
에 돼지 300마리를 판다. 양고기도 마찬가지로 팔린다. 이
처럼 많은 고기를 먹는데 반해 소 고깃간은 오직 두 곳뿐이
다. 이는 길에서 만난 소 고깃간 주인에게 자세히 알아본
것이다.

우리 나라에서는 하루에 소 500마리가 도살된다. 나라에
서 거행하는 제사나 군인들을 위로하는 잔치 때마다 고기를
사용한다. 성균관[*] 5부部 안에도 24개의 고깃간이 있고 300

성균관 조선 시대 최고의 교육
기관. 태학太學으로도 불렸으며
중국 주나라 때 제후의 도읍에
설치한 학교의 명칭인 '반궁泮
宮'으로 지칭되기도 하였다.

여 주州의 관청에도 반드시 고깃간이 있다. 작은 고을에서는 날마다 소를 잡지 않는다. 하지만 큰 고을에서는 매일 두세 마리씩 잡는다. 결국은 모든 고을이 매일 소를 잡는 셈이다. 또 서울과 지방에서 혼인 잔치 때나 장례식 때마다 소를 잡는다. 이렇듯 법을 어겨가면서 은밀히 잡는 것을 합치면 대략 그 수가 위에서 말한 것과 같다.

대체로 소는 수태 후 열 달이 지나야 새끼를 낳는다. 그 새끼도 세 살이 되어야 수태가 가능하다. 이렇듯 소는 몇 해에 한 마리씩 생기는데 매일 500마리씩 도살하니 이를 감당하지 못할 것은 분명하다. 점점 소가 귀해지는 것은 당연한 현상이다. 때문에 농부들 중에서 스스로 소를 마련할 수 있는 자는 극히 적다. 그래서 항상 이웃에서 소를 빌리고, 빌린 날수만큼 그 집 일을 대신해 준다. 그러다 보니 제때에 맞추어 밭을 갈기가 힘들어지는 것이다.

소를 절대로 도살할 수 없게 한다면, 몇 년 안에 모든 농부가 제때에 밭을 갈 수 있을 것이다. 어떤 사람은, "우리 나라에는 다른 가축이 없는데, 소 잡는 것마저 금한다면 고기를 먹을 수 없게 된다."고 반론을 펴기도 한다. 그러나 그렇지 않다. 소의 도살을 금해야 비로소 백성들이 다른 가축을 기르는 일에 힘을 쓰게 된다. 그러면 돼지나 염소도 번성할 것이다.

어떤 사람이 돼지 두 마리를 사서 짊어지고 가다가 서로 눌려서 돼지가 죽었다. 하는 수 없이 그 고기를 팔게 되었다. 그런데 하루가 다 지나도 팔리지 않고 남아 있는 고기가 있었다. 이는 사람들이 돼지 고기를 좋아하지 않아서가 아니다. 쇠고기가 유난히 많기 때문이다.

어떤 사람은, "돼지 고기나 염소 고기는 우리 나라 사람에게는 익숙하지 않아서 병이 날까 염려스럽다."고 한다. 이 또한 그렇지 않다. 식성은 길들이기에 달린 것이다. 중국 사람들은 어째서 그 고기를 먹어도 병들지 않는 것인가?

율곡栗谷*은 평생 동안 쇠고기를 먹지 않았다. 그리고 이렇게 말했다. "소의 힘을 이용해 만든 곡식을 먹으면서 또 그 쇠고기를 먹는다면 과연 그것이 옳은 일이겠는가?" 이치에 합당한 말이다.

말[馬]

중국 사람은 마부 없이 말을 탄다. 재갈에 고삐를 매서 스스로 당기면서 말을 부린다. 속도는 말의 상태에 따라 달리기도 하고 천천히 가기도 한다. 또 자주 내려서 말이 충분히 쉬도록 한다. 그리고 항상 털을 빗질하고 씻겨서 냄새를 없애 준다.

매년 봄, 풀이 파릇파릇해지면 숫말에게 방울을 달아 놓아 교미하게 한다. 이때 숫말 주인은 은銀 닷 냥을 받는다. 만약 뛰어나게 좋은 노새*가 태어나면 처음 받았던 은만큼 또 받는다.

말을 탈 때 마부를 두는 것은 좋지 않다. 사람이 말을 타는 것은 힘들게 걷지 않으려는 것이다. 그런데 마부를 두면 한 사람은 타고 가지만 다른 한 사람은 힘들게 말을 끌고 가야 한다.

말은 빨리 달려야 한다. 따라서 채찍 한 번에 몇 리씩, 하루에 천 리를 달릴 수 있어야 한다. 그런데 사람에게 이끌리다 보면 그럴 수가 없다. 또 싸움터에 나가 전선에 임했을 때, 항상 마부에게 이끌리던 말은 그 습성에 젖어 급한 상황인데도 마부가 끌지 않으면 시키는 대로 따르지 않는다. 그러니 전투에 나가면 반드시 패하고 마는 것이다.

또한 마부가 말을 끌면, 자신은 편한 길을 택해 걷고 말은 험한 길로 몬다. 결국 말에 탄 사람은 편하지가 않다. 또 재갈은 마부 손에 잡혔으니 말 탄 사람이 잡고 있는 고삐는 겉치레에 불과하다. 따라서 말이 놀라서 갑자기 뛰기라도 하면 도저히 막을 수가 없는 것이다.

그 밖에도 마부는 항상 말머리를 누르면서 말을 몬다. 이는 말이 걷는 속도를 자신의 걸음 속도에 맞추려는 것이다. 이는 말을 사람의 걸음에 맞추게 하려는 것이지 말의 능력을 모두 발

김홍도의 「신행」
10걸음 정도 앞서 가죽끈을 느슨하게 잡고 끄는 좌견 장면을 볼 수 있다.
ⓒ 국립중앙박물관.

휘할 수 있게 하려는 것이 아니다. 하물며 제대로 먹이지도 않고 제 능력대로 달리지도 못하게 하니, 아마 말[馬]이 말[言]을 할 수 있다면 할 말이 많을 것이다.

길이가 두어 발이나 되는 가죽끈 하나를 잡고 열 걸음 밖에서 느슨하게 말을 끄는 것을 좌견左牽이라 한다. 벼슬하는 사람들이 그러는데 이것은 무슨 법도에 따라 하는 짓인가? 이는 예법에도 아무런 보탬이 안 된다. 단지 말을 넘어뜨리기에 알맞을 뿐이다.

말을 사육하는 자들은 발정기에도 암수를 교미시키지 않는다. 말다리에 힘이 빠진다는 것이다. 나라 안에는 수천 마리나 되는 말이 있다. 따라서 매년 말 수천 마리를 잃고 있는 것이다. 간혹 새끼 말이 따라 다니는 것을 볼 때도 있다. 그러나 이는 천 마리 중에서, 간혹 교미하지 못하게 한 것을 어긴 말이 있었기 때문이다.

이렇게 교미를 금해도, 우리 나라 말은 중국 말보다 더 자주 병에 걸린다. 우는 소리도 훨씬 못하다. 또 중국 말은 우리 나라 말보다 훨씬 크다. 우리 나라 말이 시끄럽게 굴어도 입을 다물고 우뚝 선 채 다투지 않는다.

궁궐에 들어 조회를 할 때마다, 중국의 모든 관리는 말을 대궐 문 밖에 놓아 둔다. 모든 말은 매 놓거나 지키지 않아도 조용하다. 머리도 한 방향으로 가지런히 두고 제자리를 옮기거나 바꾸지 않는다. 관리들은 조회를 마치고 나와서 각자 말을 찾아간다. 이때도 시끄럽게 부르거나 빼앗는 법이 없다. 이와 같으니, 나중에 행군行軍할 때도 엄숙하고 출입할 때도 조용하다. 이것은 평소 길들이기에 달려 있는 것이다.

어떤 사람은 "말을 길들이는 것은 당연히 무사武士가 책임질 일이고 문신文臣은 그럴 필요가 없다."고 하나 이는 그렇지 않다. 활쏘기에는 문무文武의 구별이 있지만 말에 관해서는 없다. 오늘날 문신이 타던 말이 후일에는 전사戰士가 타야 할 말이기 때문이다. 따라서 말을 사육하는 일도 중국으로부터 배워야 한다. 그러면 병사들은 번거로운 일을 하지 않아도 저절로 편하게 될 것이다.

중국에서는 말에게 죽을 먹이지 않는다. 마른 곡식을 소금에 볶아서 먹인 다음 냉수를 마시게 한다. 짠것을 먹이는 이유는 목이 말라서 물을 먹게 하려는 것이다. 또한 물을 먹이는 것은 오줌을 잘 누게 하려는 것이다. 말 같은 짐승은 오줌을 잘 누어야 병이 없기 때문이다.

정악鄭鍔은, "짐승은 사람과 달라서 아픈 곳을 말하지 못한다. 때문에 병든 곳을 알기 어렵다. 치료 방법은 먼저 약을 먹인 다음 걷게 하면 병든 곳을 알 수 있다. 그러나 자꾸 걷게 하면 병이 더욱 심해지니 조심해야 한다. 그리고 먼저 맥기脈氣를 움직이게 해야 한다. 맥기가 나타나지 않으면 약을 쓸 방법이 없다. 따라서 맥기가 나타나는 곳을 잘 찾아서 치료하면 병은 사라진다. 종기를 치료하려면, 먼저 약물로 씻어내고 나쁜 살점을 긁어서 헤쳐낸다. 그런 다음에 겉에다 약을 붙이고 안으로 기운을 북돋우면서 먹이를 먹인다.

이것이 짐승의 종기를 치료하는 방법이다.”라고 하였다(『주례』 수의獸醫 주).

『주례周禮』에 “말은 수컷이 암컷의 4분의 1이다.” 하였다. (타는 짐승의 성질을 비슷하게 만들려면, 기氣를 같게 해야 마음도 하나가 된다. 정사농鄭士農은 “4분의 1이란 것은 암컷 네 마리에 수컷 한 마리꼴이라는 말이다.”라고 하였다.)

월령月令*에는 “3월이 되면 수천 마리의 날뛰는 말들을 목장에 놓아서 교미시킨다.” 하였다.

진혜전秦蕙田*은, “유인庾人*이 수컷을 부리면서 힘들게 하지 않는 것은 그 기혈氣血을 편안하게 해 주려는 것이다. 교인校人*이 여름에 수컷을 몹시 힘들게 하는 것은 암컷이 방금 새끼를 배었기 때문에 그 기운을 죽여서 암컷을 가까이 하지 못하게 하려는 것이다. 이것이 말을 번식시키는 근본인 것이다. 이는 모두 성왕聖王께서 모든 것을 각각 그 시기에 맞게 길러서, 생물들이 그 본성을 다할 수 있도록 하려는 뜻이다.”라고 하였다.

나귀[驢]

나귀는 중국에서 흔히 볼 수 있는 짐승이다. 당나라 말기에 선비들이 매우 사치해져서 나라에서 말을 못 타게 하였다. 그래서 과거 시험을 보러 가는 사람은 모두 나귀를 타야만 했다.

우리 나라에서는 오히려 나귀가 귀하다. 원래 토산土産 나귀가 없어서 그런 것이 아니다. 나귀를 이용하는 일이 매우 적기 때문이다. 어쩌다 한 번씩 타고 다닐 뿐, 중국처럼 물 긷기, 맷돌 돌리기, 수레 끌기, 심지어는 밭갈이에 이르기까지 나귀를 이용할 줄 모른다.

지금이라도 배워서 이용하려고 해도 되지 않는다. 이는 나귀를 아끼고 사랑하기 때문이 아니다. 나귀를 이용할 기구가 전혀 없기 때문이다. 만약 물통에 고리가 없다면 고쳐서 고리를 새로 매달아야 할 것이다. 그래서 가난한 백성은 나귀를 사육하기도 힘들고 번식하는 일은 더욱 드물다.

맷돌을 돌리는 나귀는 가죽 조각으로 두 눈을 가린다. 빙빙 돌아가는 것을 모르게 하기 위해서이다. 알면 곧 현기증을 일으키기 때문이다. 이는 물고기를 기를 때 물 안에 반드시 섬을 만들어 주는 것과 같다. 물고기가 섬 주위를 돌면서 매일 천리 길을 돌아다닌다고 생각하게 만드는 것이다.

쌀을 실을 때에는 뱃대끈이 필요없다. 면포로 다섯 말 들이 긴 포대를 만든다. 그리고 가운데 부분은 비게 하여 나귀의 등에 걸친다. 그러면 쌀이 양쪽 끝으로 쳐져, 나귀 등에 착 달라붙어서 쉽게 움직이지 않는다. 이런 자루를 좌우로 비스듬하게 걸쳐서 물레의 살처럼 만든다.

물을 길을 때는 뱃대끈이 필요하다. 물을 긷는 통은 길고 양쪽에 귀가 뚫려 있다. 뱃대끈에 나무를 가로 대고 물통 고리를 좌우로 꿰어 놓는다. 그러면 나귀는 제 발로 집에 돌아갔다가 다시 우물가에 온다.

역참驛站에 있는 나귀를 이용할 때는 10리 거리에 10문文씩의 세를 받는다. 나귀에 딸린 사람은 없다. 다만 도착할 역참에 있는 가게에 나귀를 맡겨 두면 된다. 그래서 돌아오는 인편에 같이 오도록 한다. 저쪽에서 오는 나귀도 이쪽에서 가는 것과 같은 방법으로 운영한다. 나귀는 머무르게 될 역참에 도착하면 더 이상 가려 하지 않는다.

안장鞍裝

중국의 안장은 매우 가볍고 편하게 만들어졌다. 발걸이가 앞쪽으로 드리워져 있어서 말을 타면 마치 걸터앉은 것 같다. 하루 종일 가도 괴롭게 다리를 늘어뜨릴 필요가 없다.

말다래[障泥]*는 말의 등 전체를 덮을 정도로 넓다. 또 말다래의 양쪽 모서리를 뚫고 배를 묶는 뱃대끈을 갈고리로 걸었다. 그래서 말에서 내리지 않아도 끈을 느슨하게 할 수도 있고 바짝 조일 수도 있다. 말을 세우고 쉴 때, 안장은 풀어서 베개로, 말다래는 펴서 깔개로 사용하기도 한다. 나무로 만든 뱃대는 아주 매끈하게 만들어서 끈 같은 것이 살에 달라 붙지 못하도록 했다. 수레를 끌 때 쓰는 뱃대는 연의

얼레처럼 생겨서 가죽끈을 감을 수 있도록 했다.

우리 나라가 힘써야 할 것 중에는 말에 관한 문제가 큰 부분을 차지한다. 우선 안장을 개량하는 일이 시급하다. 지금 쓰고 있는 안장과 뱃대는 사람보다 더 무겁다. 또 재갈이나 언치 등 얽어매는 기구가 거칠고 딱딱하여 편리하지 못하다. 그래서 말의 피부가 항상 곪아 있다.

송나라 『사기史記』에 "말안장이 편하지 못하여 갑자기 말을 돌려야 할 경우에 마음대로 되지 않는다. 거란인이 쓰는 안장처럼 만들기를 청한다."라는 글이 있다. 그러나 우리 나

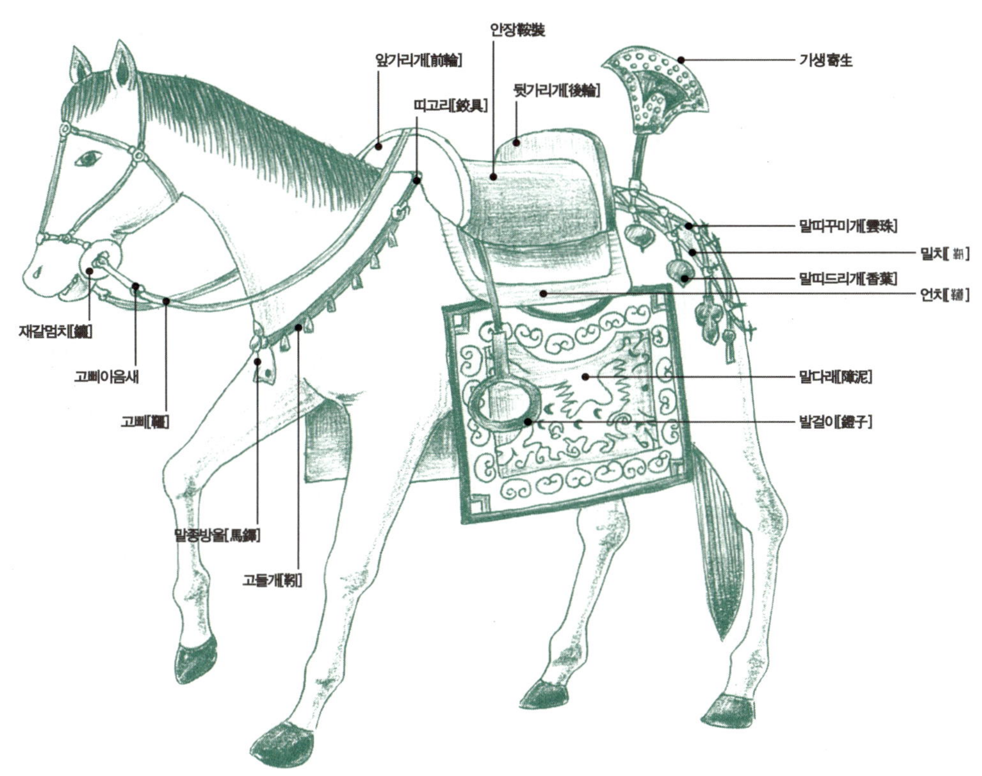

라 사람은 편리하게 제작된 중국 안장을 얻어도 이를 고쳐서 우리 식대로 만든다. 오직 별군직別軍職* 병사만은 나라에서 하사한 중국식 안장을 그대로 사용한다. 나머지 사람들은 미심쩍게 여기며 사용하지 않는다. 풍습이 이 지경에 이를 정도로 잘못되었다.

가죽으로 된 안장을 안갑鞍甲이라 하는데 안갑 없이는 누구도 말을 타려 하지 않는다. 안장 꼭대기는 손이 자주 닿는 곳이라 가죽이 항상 쉽게 뚫어진다. 그러면 안장을 폐기해 버린다. 안장 안쪽은 단단한 나무로 되어 있는데 겉에는 엷고 약한 가죽이 덮여 있다. 때문에 가죽만 낭비하고 있다. 결국 보탬도 안 될 뿐 아니라 오히려 손해만 본다.

이런 풍습이 생긴 지는 그리 오래되지 않았다고 한다. 처음에는 기름종이를 덮어서 비에 젖을 때에 대비한 것이었다. 그런데 기름종이 대신 가죽을 이용하게 되었고, 나중에는 맑은 날에도 그대로 가죽을 쓴 것이라 한다.

말다래는 두 폭이나 되어 자주 묶어 줘도 쉽게 떨어진다. 뱃대끈의 갈고리는 말다래 안쪽에 채워져 있다. 그래서 말이 허기져서 배가 줄어들면, 그때마다 안장을 내리고 다래를 걷은 다음에 새로 묶어야 한다. 그러니 급할 때에는 반드시 곤란한 경우를 당하게 될 것이다. 또 발걸이가 말다래 한복판에 있어서 발로 밟고 있지 않으면 위태롭다. 밟아도 항상 다리에 힘을 주어야 한다. 그래서 그냥 걸을 때보다 말을 타고 갈 때가 더 피곤하다.

각종 여행 도구를 안장 앞쪽에 많이 단다. 그런데 이것은

중국처럼 당연히 뒤쪽에 달아야 한다. 대체로 말안장은 약
간 앞쪽에 있고 나귀 안장은 약간 뒤쪽에 있다. 말의 힘은
어깨 쪽에 많고 나귀 힘은 엉덩이 쪽에 많기 때문이다. 그렇
다면 노새의 힘은 허리에 있으니 당연히 안장을 가운데 놓
아야 한다.

『송사末史』* 「병지兵志」에, "희령熙寧 5년 1072년 겨울에,
기병騎兵이 큰 안장을 가지고는 전투하기에 불편하다고 하
여 비로소 작은 안장을 만들었다. 그리고 가죽으로 된 언치
와 나무 발걸이를 얹었다. 그랬더니 말의 방향을 돌리거나,
말 위에서 활을 쏘는 것도 재빠르게 할 수 있었다. 또 말을
잘 타는 변방 사람들을 뽑아 각급 부대에 나누어 소속케 하
였다."는 기록이 있다.

송사 원元나라 때 만든 송나라
의 사서史書. 본기本記(47권)·지
志(162권)·표表(32권)·열전列傳
(255권)으로 전 496권이다. 정
사正史의 하나로 토크토[脫脫]
등이 황제의 명으로 편찬, 1345
년에 완성되었다.

말구유[槽]

말구유는 위가 넓고 밑은 좁다. 긴 판자 조각 세 개를 합치
고 양쪽 모퉁이를 막아서 만들었는데 그 덕분에 서로 갈아
끼울 수도 있고, 또 합칠 수도 있으며 분리시킬 수도 있다.
다리의 높이는 걸상만 하
다. 우리 나라처럼 통
나무를 파서 만들 필
요가 없는 것이다.

구유
소·말·돼지와 같은 가축의 먹이를
담아 주는 그릇으로 지방에 따라 구
시·기승·귀영·소죽통·여물통이라
고도 한다.
© 농업박물관.

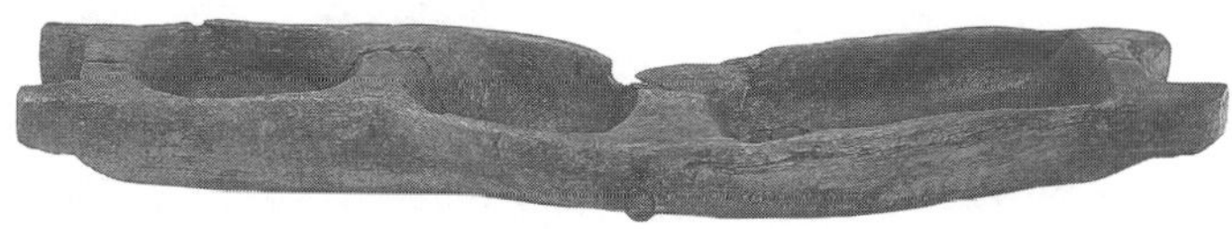

가게 앞쪽 길가에는 짚을 썰어 놓은 말구유가 항상 비치되어 있다. 여행자들이 말을 먹일 수 있도록 준비해 놓은 것이다. 값은 말이 먹는 시간에 따라 받는다. 또 북경 우물가에는 돌로 만든 말구유가 따로 놓여 있다. 이것은 대나무 홈통으로 물을 받아 놓고 말이 자유롭게 마시고 갈 수 있도록 마련해 둔 것이다.

시장[市井]

북경에 있는 아홉 개의 문 안팎 수십 리에 걸쳐서, 각 부의 관청과 아주 작은 골목길 외에는 길 양쪽이 모두 시장이다. 시골도 마찬가지여서 마치 옷에 선을 두른 듯하다.

각 가게에는 상호나 파는 물품의 명칭을 적은 간판이 가

청나라 초기 소주蘇州의 번화했던 시장의 모습. 배가 수로를 이용해 시장까지 들어와 물건을 거래했다.

로 세로로 걸려 있다. 그 중에는 금으로 쓴 휘황한 간판도 있고, 큰길 가에는 판잣집을 가설하고 붉게 칠하였다. 골목 입구나 문 앞에는 각각 화표華表*와 목궐木闕*을 세워 놓았다.

가게 안은 항상 사람들로 가득차 발 디딜 곳조차 없어 마치 극장에 구경하러 온 것 같다. 또 동악묘東岳廟 · 융복사隆福寺* 같은 곳에서 특별히 시장을 개설하는 날에는 기묘하고 값진 보물들이 많이 쏟아져 나온다.

우리 나라 사람들은 중국 시장이 크게 발달한 것을 처음 보고서, "오로지 상업만을 숭상한다."고 한다. 그러나 그것은 하나만 알고 둘은 모르는 소리다. 상인도 사민四民 가운데 하나에 속한다. 그 하나로서 나머지 셋, 즉 사 · 농 · 공과 통하는 것이다. 즉, 상업에 종사하는 사람들도 전체의 10분의 3이 되어야 하는 것이다.

사람들은 지금 쌀밥을 먹고 비단옷을 입고 있으면 그 밖의 것은 쓸모없는 줄 안다. 그러나 쓸 만한 물건을 사용하려면 쓸모없는 물건도 사용해야 한다. 그렇지 않으면 쓸 만한 물건은 모두 어떤 한 곳에만 편재偏在되어 다른 곳으로는 유통되지 못할 것이다. 그곳도 그 한 가지만 사용하다 보면 결국 쉽게 바닥나게 마련이다.

그러므로 옛 성왕聖王은 옥구슬이나 화폐 같은 가벼운 것을 만들어서 현물과 같은 무거운 것과 교환할 수 있도록 했다. 즉 쓸모없는 것으로 쓸모 있는 것을 도우려 한 것이다. 또한 성왕은 배와 수레를 만들어서 험하고 막힌 곳도 통행

화표 중국 요동 지방에 있던 아주 오래된 기둥. 이것은 방향, 또는 길을 인도해 주는 구실을 했다. 그래서 후세에는 표지판을 화표라고 했다.

목궐 화표와 비슷한 것으로 추정된다.

융복사 상당히 큰 절로서 그 안에서 한 달에 세 번 정도 큰 장이 열렸는데, 그 장을 융복시라 한다.

할 수 있게 하였다. 그러면서도 오히려 천리 만리나 되는 먼 곳의 물자가 서로 유통되지 못할까 봐 염려하였다. 성왕도 백성을 위해 이처럼 넓은 범위에 걸쳐 노력했음을 알 수 있는 것이다.

이제 우리 나라도 사방 수천 리 땅에 백성도 적지 않으며 물자도 구비되어 있다. 그러나 천연 자원을 제대로 이용할 줄 모른다. 그리고 경제의 이치도 잘 모르고 있다. 날마다 쓰는 것에 대해서는 제쳐 두고 연구하지 않으면서, 중국의 가옥·수레·단청·비단 등 훌륭한 것을 보고는 "사치가 매우 심하다."고 말한다.

사실 중국은 사치하다가 망했다. 그렇지만 우리 나라는 검소한데도 쇠퇴하는 것은 무슨 까닭일까? 검소하다는 것은 물건이 있어도 남용하지 않는 것을 말하는 것이지, 자신에게 물건이 없다 하여 스스로 단념하는 것을 말하는 것은 아니다.

지금 우리 나라에는 구슬을 캐는 집이 없고, 시장에 산호 같은 보석이 없다. 또 금이나 은을 가지고 가게에 들어가도 떡조차 살 수 없는 형편이다. 이것이 정말 검소한 풍속 때문일까? 아니다. 이것은 물건을 이용하는 방법을 모르기 때문이다. 이용할 줄 모르니 생산할 줄 모르고, 생산할 줄 모르니 백성들이 나날이 궁핍해지는 것이다.

재물이란 우물과 같다. 퍼 내면 차게 마련이고 이용하지 않으면 말라 버린다. 그렇듯이 비단을 입지 않기 때문에 나라 안에 비단 짜는 사람이 없는 것이다. 따라서 부녀자가 베를 짜는 것을 볼 수 없게 되었다. 그릇이 찌그러져도 개의치 않으며, 정교한 기구를 애써 만들려 하지 않는다. 나라 안에는 기술자나 질그릇 굽는 사람들이 없어져, 각종 기술이 전해지지 않는다. 심지어 농업도 황폐해져 농사짓는 방법을 잊어 버렸다. 장사를 해도 이익이 별로 없어 생업을 포기할 지경이다.

이렇듯 사민四民이 모두 가난하니 서로가 도울 길이 없다. 나라 안에 있는 보물도 이용하지 않아서 외국으로 흘러 들어가 버리는 실정이다. 그러니 남들이 부강해질수록 우리는 점점 가난해지는 것이다. 이것은 자연적인 추세이다.

지금 종각 십자 거리(운종개)에는 가게가 줄지어 있다고 하지만 그것도 채 1리里가 되지 않는다. 그러나 중국은 그냥 지나쳐 갈 만한 시골길도 몇 리에 걸쳐 전부 가게로 덮여 있다. 어디 그뿐인가. 산더미처럼 쌓아 놓은 물품과 다양한 품목은 우리 나라 전역의 것을 모은 것보다 많게 느껴진다. 물론 실제로 그곳 시골 가게의 물자가 우리 나라 전국의 물자보다 더 많다는 것은 아니다. 단지 화물이 제대로 유통되느냐 그렇지 못하느냐에 따른 차이를 말한 것이다.

판서 채제공蔡濟恭*은, "지금 종각 북쪽 거리가 약간 비좁다. 이를 넓히고 새롭게 정비한 다음, 모든 가게 주인에게 상호를 붙이게 한다. 즉, '본 가게에서는 경상도 면포를 판매한다', '이 가게에서는 남원과 평강에서 생산된 부채와 종이를 판매한다', '이 가게에서는 강원도와 전리도에서 생산된 인

채제공(1720~1799) 정조 때 이름난 정승. 호는 번암樊岩. 박제가가 처음 중국에 갈 때 그를 따라갔다. 좌의정에 있을 때 정조를 도와 많은 개혁정책을 추진하였다. 말년에는 수원성(화성(축조를 담당하였다.

삼을 판매한다' 하는 식으로, 큰 글자로 써 붙이도록 하는 것이다. 그래서 흥인문(동대문)에서 숭례문(남대문)까지의 모습을 새롭게 한다면 얼마나 보기 좋은 일이 되겠는가?" 하였다.

중국의 우물은 구멍이 뚫린 돌이나 나무로 덮어서 입구를 작게 만들었다. 그래서 사람이 빠지거나 먼지가 들어가는 것을 막고 있다. 거기에 도르래를 설치하고 물통 두 개를 새끼줄에 매달아 놓았다. 하나가 왼쪽으로 내려오면 다른 하나는 오른쪽으로 올라가게 되어, 한 통이 올라오면 다른 한 통은 이미 우물 아래로 내려가 있다. 그 효과는 보통 것에 비하여 두 배는 된다.

상인[商賈]

중국 사람들은 가난하면 상인이 되는데 참으로 현명한 생각이다. 그래도 그 사람의 풍류와 명예는 그대로 인정된다. 그래서 유생들이 직접 책방에 가서 책을 산다. 재상들도 가끔은 융복사隆福寺 근처 시장에 직접 가서 골동품을 사기도 한다. 나는 지체 높은 사람이 융복사 시장에서 물건을 사는 것을 직접 목격한 일도 있다. 우리 나라에서는 그런 신분으로 시장에 출입하면 모두들 비웃을 것이다. 그러나 그럴 일이 아니다. 청나라의 이런 풍속은 어제 오늘에 비롯된 것이 아니다. 벌써 송宋·명明시대부터 내려온 것이다.

우리는 어떠한가. 겉치레만 알고 고개를 저으며 꺼려하

는 일이 너무 많다. 사대부는 놀고 먹을 뿐, 하는 일이라곤 없다. 아무리 가난해도 사대부가 들에서 농사를 지으면 알아주는 자가 없다. 사대부는 짧은 바지에 대나무로 만든 갓을 쓰고 시장에서 물건을 판매해서는 안 된다. 또는 자와 먹통, 칼과 끌 등을 가지고 남의 집에서 품팔이를 해서도 안 된다. 그러면 많은 사람들이 그를 부끄러워하고 우습게 여기며, 그의 혼인길마저 끊어 놓기 때문이다. 따라서 비록 집에 돈 한 푼이 없어도 높다란 갓에 넓은 소매가 달린 옷으로 치장하고 어슬렁거리며 큰소리만 치는 것이다.

그러면 그들이 입는 옷과 먹는 양식은 어디서 나오는 것인가? 그들은 권력에 기대는 수밖에 없는 것이다. 이로 인해 청탁을 하는 습성이 생겨나고, 모든 일에 요행을 바라게 된 것이다. 그래서 시장의 장사치들도 그들이 먹던 나머지를 더럽다고 한다. 그래서 겉치레만 아는 우리보다 장삿길에 나서는 중국 사람이 훨씬 낫다고 말한 것이다.

은銀

우리 나라에서는 해마다 수만 냥의 은을 중국에 수출하고 약재와 비단을 수입한다. 그런데 우리 나라 물건으로 중국의 은을 사 오는 일은 없다.

은은 천 년이 지나도 변하지 않는 물건이다. 그러나 약은 반나절이면 몸에 흡수되어 버리고 비단은 사람을 장사 지낼 때 쓰는데 반 년이면 썩어 버린다. 이와 같이 천 년이 지나도 변하지 않는 물건을 반나절이나 반 년이면 없어지는 물건과 바꾸어 버린다. 즉 한정된 자연 자원을 한번 내보내면 다시는 돌아오지 않는 지역으로 내다 버리는 것이다. 그러니 은이 점점 더 귀해질 수밖에 없는 것이다.

화폐란 돌고 돌아야 마르지 않는 것이다. 그렇지 못하면 진흙으로 만든 소가 바다에 들어가는 것과 무엇이 다르겠는가?

돈[錢]

중국 건륭乾隆* 연대에 만든 돈이 강희康熙* 연대에 만든 것보다 좋지는 않지만, 두껍고 윤기가 있으며 크기도 일정하다. 그런데 이번에 우리 나라에서 새로 만든 돈은 크기가 일정하지 않다. 또한 주석을 많이 섞어서 재질이 엉성하고 약해서 쉽게 꺾인다.

가장 좋은 화폐 정책은 다음과 같다. 현재 우리 나라는 이미 많은 돈을 주조했다. 따라서 더 이상 만들 필요가 없다. 그 다음은, 동전을 주조하는 원본이 같아야 하고 재질도 정밀해야 한다. 그리고 돈 만드는 비용으로 중국 돈을 들여와야 한다. 그러면 몇 배의 이익이 생길 것이다.

나의 외조부 이공李公의 문집에, "청나라 돈과 통용하라."는 글이 있다.

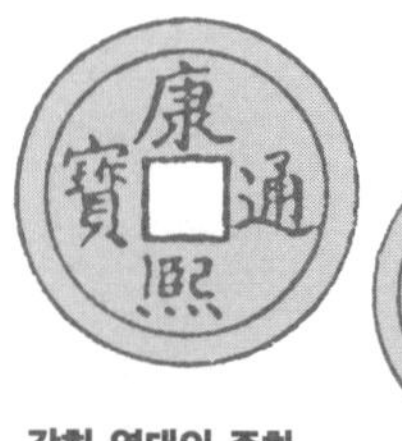

강희 연대의 주화

쇠[鐵]

중국은 모든 쇠를 단련할 때 석탄을 사용한다. 석탄은 화력
이 강해서 강철도 충분히 달굴 수 있다. 때문에 중국의 병기
는 우리 것에 비해 두 배 정도 견고하고 날카롭다. 간혹 수
입해서 사용하는 경우에도, 한 번 흠이 생기면 다시는 원래
대로 단련하지 못한다.

재목材木

중국은 나무가 귀하지만 재목은 많다. 그러나 우리 나라는
나무는 많지만 재목이 귀하다. 왜 그럴까? 요동 벌판은 사

벌채한 재목을 엮어 강을 통해 운반하는 모습(중국).

방 천 리에 걸쳐 산이 없다. 그런데 거대한 재목이 장성처럼 쌓여 있다. 사람의 힘만으로 그리 되지는 않은 것 같다. 이 것은 모두 장백산長白山(백두산)의 압록강을 따라 뗏목으로 엮 어서 바다까지 운반해 온 것이다.

우리 나라는 서울에서 백 리 밖만 나가면 소나무나 잣나 무가 하늘을 가리었다. 그러나 집을 지을 때나 관을 짤 때 사용되는 재목은 구하기가 매우 어렵다. 그 원인을 따져 보 면 모두 기구가 불편하기 때문이다.

또 중국에서 벌채한 재목은 한 자 한 치도 서로 어긋나지 않을 정도로 정밀하다.

명나라 때 당인이 그린
「사녀취소도仕女吹簫圖」.
일반 사대부 집 부녀자가 옥피리를 부는 모습.

계주 중국 직예성直隸省의 주.
북경 동쪽에 위치하고 있다.

여자 옷[女服]

중국 여자들의 옷은 위아래가 모두 섬세하고 아련해 서 마치 오래된 그림을 보는 것 같다. 상의의 길이는 몸길이와 같은데 어떤 것은 무릎을 겨우 가릴 정도이 다. 둥근 옷깃을 목에 바짝 붙여서 두르고, 턱은 끈으로 조인다. 또 치마폭은 뒤쪽이 조금 더 넓으며, 치마폭 전체에 걸쳐 자잘한 주름을 잡는다. 머리를 말아 올 리는 것은 계주薊州의 풍습을 최고로 여긴다.

시골 여자는 머리를 높게 올려서 꼭지에 얹는다.

북경의 사대부 집 여자는 머리를 낮게 올려서 약간 뒤쪽에 얹는다. 빗질할 때는 먼저 정수리 부분의 머리카락

을 가로로 갈라서 아래로 늘어뜨리는데 각자의 취향에 따라
모나게 하거나 혹은 둥글게 한다. 그 모양은 요즘 아이들이
화양건華陽巾*을 쓴 것과 비슷하다. 그러고 나서, 붉은 끈으
로 머릿짬을 묶고 평평하게 빗질한 후 접어서 올린다. 이때
가운데를 비워서 마치 모자 가운데를 눌러 놓은 것처럼 만
든다. 다음에는 머릿짬을 끝에서부터 감아 올리는데 머리
카락 길이에 따라 감는 횟수가 다르다. 한 번 돌릴 때마다
비녀를 한 개씩 꽂는데 많게는 앞뒤 좌우로 십여 개에 이르
기도 한다. 귀밑머리에 남은 머리카락은 하나로 모아서 비
스듬하게 뒤로 넘겨 머리채에 합쳐 돌린다. 아직 미혼인 여
자는 이마 한가운데로 늘어진 머리카락을 세로로 가른 흔
적이 있다. 그것으로 구별된다.

대체로 여자의 의복은 그림본에 따라 그대로 만든다. 그
런데 옷가게에서 사면 만주식 의복이 섞일 염려가 있다. 내
가 오吳 · 촉蜀 출신 사대부로서 북경에서 벼슬하는 자에게
부탁하여 여자 옷을 구하려고 하였으나 은이 없어서 구입하
지 못했다. 다만 당원항唐鴛港 원외랑員外郎 집에서 여자 옷을
자세히 보고 왔을 뿐이다.

예전에는 작위가 없으면 감히 양관梁冠*을 쓰지 못했고,
붉은 도포[紅袍]를 입거나 허리에 큰 띠를 매지 못했다. 그런
데 지금은 부유한 자라면 누구나 착용한다.

홍치弘治* 연대에는 부녀자의 적삼 길이가 겨우 치마허리
를 덮었다고 한다. 부유한 사람은 나단羅緞이나 깁으로 짠 황
금색 소매에 황금색 치마를 입었었고, 머리는 한 치 정도의

정덕(1506~1521) 명나라 무종武宗의 연호.

주척 원래는 고대 중국 주周나라 때 사용한 도량형 기구. 척은 손을 폈을 때, 엄지 끝에서 가운데 손가락 끝까지의 길이에서 비롯된다. 성문법으로서의 도량형 제도는 진秦의 시황제始皇帝부터 시작되었다. 이때 1자의 길이는 18cm 정도였던 것으로 추정된다. 이것이 차차 길어져 한漢나라 때는 23cm 정도, 당唐나라 때는 24.5cm 정도로 되었으며, 이보다 5cm 정도 긴 것도 사용되었다고 한다. 우리 나라에서는 고려 및 조선 초기까지는 32.21cm를 1자로 정했으나, 세종 12년에 31.22cm로 바뀌었고 구한말(1902년)에 일제에 의해 30.303cm로 통용되었다. 그 후 1963년에 계량법이 제정되면서 폐지되었다.

높이로 올렸다.

정덕正德* 연대에는 적삼이 점점 커져서 무릎까지 내려오고, 치마는 짧게 겹으로 만들었다. 머리채는 작게 감았지만, 철사를 사용해서 관리들의 모자처럼 높게 올렸다. 그 높이는 6~7치나 되며, 둘레는 주척周尺*으로 1자 2~3치쯤 되었다고 한다.

세상에는 항상 결함이 있기 마련이다. 중국 남자들은 머리를 깎고 오랑캐의 옷을 입었지만, 여자들의 의복만은 아직도 옛날 그대로다. 반대로 우리 나라는 남자의 의관은 옛날 그대로지만, 여자의 의복은 모두 몽고蒙古 제도를 물려받았다. 요즘 사대부들은 오랑캐 옷을 입는 것을 부끄러워할 줄은 알면서도, 집안에서 여자들이 오랑캐의 옷을 입는 것은 막을 줄을 모른다.

북경에서 몽고 여인의 그림과 원元나라 인물화첩人物畵帖을 보았는데 그 모습이 우리 나라 여자와 같았다. 대체로 고려 때는 원나라 왕비들의 모습을 많이 숭상하였는데, 그런 풍습이 지금까지 계속되는 것이다.

부녀자들은 여러 남자의 머리카락을 모은 것을 땋아서 가발로 만들어 제 머리에 얹고서도 아무렇지도 않게 여긴다. 적삼은 점점 짧아지고 치마는 점점 길어지고 있다. 제사 때나 손님을 대접할 때 이런 옷차림으로 휘젓고 다니니 어떻게 한심하지 않겠는가?

옛날의 예법에 뜻을 둔 자라면, 빨리 중화의 본래 제도를 따르는 것이 옳다. 한 친구가 이런 농담을 했다. "요즘 사람들 중에는 집안을 대장부답게 다스리는 사람이 전혀 없다. 그러니 아마 이 일은 성공하기 어려울 것이다."

마땅히 사내아이들은 머리를 한 쪽으로 땋지(변발) 못하게 하고 양 갈래로 묶게 해야 한다. 남자나 여자나 머리를 땋는 것은 모두 오랑캐 풍속이다. 그래서 만주 여자들이 머리를 땋아서 감아 올린 것이다. (이중존李仲存이 『체결의髢結議』를 지었는데 채택할 만하다.)

원나라의 남자 복식
원나라 때는 일반적으로 소매가 좁고 문양이 화려한 비단옷과 종모(모자), 가죽신을 신었다.

극장[場戲]

북경이나 시장 길가에는 어디서나 연극이 벌어진다. 그런데 배우들이 입은 망포蟒袍[•]·상홀象笏[•]·피립皮笠[•]·박두樸頭 등은 옛날식 그대로다. 우리 것과 비교해 보면, 전해 내려오는 과정에서 서로 간에 착오가 있었음을 알 수 있다.

도포는 소매가 좁고 겨드랑이 밑을 타지 않았는데, 당연히 중국 것이 정식일 것이다. 그리고 중이 입은 옷이 바로 우리 나라의 도포와 같은 것이었고 소매도 마찬가지였다. 옷깃은 각이 졌고 자색으로 선을 둘렀는데, 이것은 당나라 방식이다. 그리고 평상시에 입는 바지는 우리 것과 아주 비

망포 용무늬가 새겨진 명·청 시대의 관복.

상홀 상아로 만든 홀. 관리들이 왕을 알현謁見할 때 손에 쥐고 있는 물건이다. 길이는 약 60cm, 너비는 6cm 정도로 얇고 길다. 조선 시대에는 1~4품의 관리는 상아홀, 5~9품의 관리는 나무홀[木笏]을 사용했다.

피립 가죽으로 만든 모자.

숫하다. 단지 우리 바지는 통이 너무 넓다. 이는 재단하는 방법이 잘못 전해졌기 때문이다. 이러한 의관 제도는 마땅히 배워서 잊지 않을 것이며, 최고의 것으로 발전시켜 나가야 한다.

중화가 망한 지 이미 백여 년이 지났다. 하지만 그때의 의복 중 한두 가지는 광대나 중들이 아직도 입고 있다. 아마도 여기에는 하늘의 어떤 뜻이 담겨져 있는 듯하다. 그러니 연극을 보고서 그것을 단지 잡된 희롱일 뿐이라고 업신여길 수 있겠는가?

중국어[漢語]

한자는 문자의 근본이다. 예를 들어 하늘 천天은 바로 '천天'이라고 발음한다. 말뜻을 또다시 중복해서 풀이해야 하는 번거로움이 없기 때문에 물건의 명칭을 쉽게 분별할 수 있다. 비록 글을 모르는 부녀자나 어린아이라도 보통 때 쓰는 말이 그대로 문구文句가 된다. 경사經史* · 자집子集* 등도 입에서 지껄이는 대로 나온다.

중국은 말로 인해서 글자가 나왔기에 글자를 찾아서 말을 풀이하지 않는다. 그러므로 비록 다른 나라가 중국처럼 문학을 숭상하고 글읽기를 좋아한다 하더라도, 결국은 차이가 나게 마련이다. 이는 언어라는 커다란 꺼풀을 벗어날 수 없기 때문이다.

경사 『경서經書』와 『사서史書』.
자집 『맹자집주』나 『사서집주』 등의 책.

우리 나라는 지역적으로 중국과 가깝고 성음聲音도 비슷하다. 따라서 백성 전체가 본국의 말을 버린다 해서 안 될 이유가 없다. 그래야만 오랑캐라는 말을 면할 것이며, 동쪽 수천 리 땅에 스스로 주周·한漢·당唐·송宋의 풍속을 열게 될 것이다. 이것이 어떻게 통쾌한 일이 아니겠는가?

어떤 사람은, "중국은 말이 글자와 같은 까닭에 말이 변하면 글자의 음도 또한 변한다. 하지만 우리 나라는 말은 말대로 글자는 글자대로 쓰기 때문에 처음 배웠던 음을 버릴 수 없다. 중국의 '침侵'자 운韻은 '진眞'자 운과 섞여 있다. 그리고 우리 나라는 입성入聲에 종성終聲이 있다. 이런 것들을 일일이 취사선택해야 하는데, 과연 이 일을 누가 정할 수 있을 것인가?"라고 말한다.

그에 대해서는 이렇게 대답할 수 있다. 내 말은 우리말을 버려야만 중국과 같게 된다는 것이다. 중국과 같아지지 않으면 옛날 음音을 사용하더라도 소용이 없다. 지금 필요한 것은 말과 글을 일치시키는 것이다. 그것으로도 충분하다. 옛 음 가운데 변한 것이 있으면, 한 명의 음운학자에게 철저한 고증을 하도록 하면 된다.

옛날에 기자箕子*는 5,000명을 거느리고 와서 평양에 도읍하였다. 그 당시 백성들은 틀림없이 그들의 말을 배웠을 것이다. 그 후 한漢나라는 우리를 복속시키고 사군四郡을 설치하기까지 하였다. 그런데 그 말이 전해 오지 않는 것은 무엇 때문일까? 혹시 발해渤海*의 전 지역이 요遼*에 편입되면서, 그 쪽으로 귀속된 백성들이 본토로 돌아오지 않았기 때문인가?

지금 우리말 중에는 신라 시대의 용어가 많다. '서울徐菀', '이사금尼斯今' 등이 그것이다. 왕씨王氏 고려가 원元 나라와 통한 뒤에는 몽고 언어가 간혹 섞이게 되었다. 복아卜兒(불알), 불화不花(송아지), 수라水刺(임금에게 올리는 음식) 등이 그것이다. 임진왜란 때는 명나라 군사가 전국 곳곳에 들어왔었다. 그때 많은 사람들이 명나라 말을 배웠는데 그 말이 지금까지도 남아 있다.

역대 선왕들은 중국어를 교습시키고, 조회할 때는 우리말을 금한다는 포고문을 적은 나무 패牌까지 설치하였다. 또한 백성들에게도 중국어로 소송訴訟하게 하였다. 따라서 중국어는 단지 중국과 교섭할 때만 사용되는 말이 아니었던 것이다. 그 당시에는 이러한 일을 국가 정책의 커다란 틀로 추진했던 것이나 제대로 변화시키지 못했던 것이다. 그런데 대부분의 요즘 사람들은 오히려 중국어를 오랑캐의 언어 즉, 격설鴃舌이라고 말하고 있다.

통역[譯]

청나라가 일어난 이래로 우리 나라 조정의 사대부들은 중국어를 사용하는 것을 부끄럽게 생각한다. 사신도 보내고 싶지 않은데 할 수 없이 보낸다. 그러면서 모든 국내 상황, 문서와 언어 등의 전달은 통역에게 맡겨 버린다.

국경의 책문柵門*에서 북경까지 2천 리나 되는 길을 지나는 동안, 그곳 각 고을의 관원들과 서로 상견례하는 경우가 없다. 다만 그 지방의 통행 담당 관리가 우리 사신에게 말먹이와 양식에 대한 경비를 제공할 뿐이다. 이런 일들은 그들의 의도에 따라 이루어진 것이 아니다. 우리가 그들을 싫어하기 때문에 그렇게 된 것이다. 그렇다면 중국 예부禮部의 관리들과 대면한들 무슨 말을 할 수 있겠는가?

사신은 통역관이, "이렇습니다." 하면 그뿐이고, 숙소에만 틀어박혀 있다. 그러니 눈이 있다 한들 무엇을 보겠는가? 또한 사신이 비록 귀를 기울여서 듣는다 하더라도 바로 옆에서 나누는 대화조차 알아듣지 못한다. 또한 그곳의 통행 담당 관리가 날마다 뇌물을 요구해도 기꺼이 그들이 시키는 대로 할 뿐이다.

우리 나라 통역관도 그들을 떠받드느라 어쩔 줄을 모른다. 그러나 항상 어떤 엉큼한 속내가 그 사이에 숨어 있는 듯하다. 따라서 지나치게 의심하는 것은 잘못이지만, 너무 믿는 것도 좋지 않다.

사신도 매년 다른 사람을 보낸다. 그래서 사신들마다 매년 생소한 업무를 맡게 된다. 다행히 그 동안은 천하가 태평해서 서로가 연관된 기밀이 없었다. 그래서 그들에게 그대로 맡겨도 별다른 큰 일이 없었던 것이다. 하지만 갑자기 우려할 일이 일어난다면, 그때도 양 손을 소매 속에 넣은 채 통역관의 입만 쳐다볼 것인가?

사대부로서 생각이 여기에 미친다면 단지 중국어뿐만 아

니라 만주어·몽고어·일본어도 모두 배워야 한다. 그리고 이를 부끄럽게 여기지 말아야 한다.

지금은 역학譯學*이 쇠퇴해서 유명한 통역자라고 불리는 자가 열 명도 안 된다. 이 열 사람도 매번 시험을 통해서 뽑은 것이 아니다. 시험에 한 번만 통과되면 비록 중국어 한 마디를 입 밖에 내지 못해도 반드시 사행使行(사절단)에 충원시킨다. 그리고 그 인원에 맞는 비용을 타다 쓴다.

통역관의 자리는 그들이 돌아가면서 장사하는 자리로 설치한 것이나 마찬가지다. 두 나라 사이에 말을 통하게 하여 일을 그르치지 않게 한다거나, 접대하는 데 있어 실수하지 않도록 한다는 본래의 취지는 사라져 버렸다. 그러므로 재능 있는 통역관을 선발할 때 그러한 전례를 따르지 않는다면, 통역을 공부하는 자는 저절로 힘쓰게 될 것이다.

그러면 누가 그 시험을 주관할 것인가? 통역관에게 맡기자니 같은 패거리고, 사대부에게 맡기자니 귀머거리와 같다. 사대부의 경우는, 마치 음률도 모르면서 곡을 평하다가 악공樂工의 웃음거리가 될 사람이 대부분인 것이다. 이 또한 사대부의 책임이다.

평안도 지방의 역졸 중에는 중국어를 잘하는 자가 많다. 그러나 한자를 아는 자는 적다. 그래서 통역관이 되지 못한다. 또 한자를 잘 아는 자도 오로지 장사 일만 배웠거나, 중국의 관리나 생원들과 접촉한 적이 없다. 그래서 갑자기 먼 지방 사대부나 표류한 뱃사람을 만나면 서로 말이 통하지 않는다.

대체로 말을 배우기는 쉬워도 남의 말을 알아듣기는 어려운 법이다. 알아들을 수 있어야 진정한 즐거움이 생긴다. 예전에 축지당祝芷堂, 반란타潘蘭佗 같은 무리들을 본 적이 있었다. 그런데 그들이 하는 말 가운데 간혹 시詩·부賦*·백가百家*의 말도 섞여 있었고, 가끔은 기이한 글도 인용되었다. 그리고 다른 사람들도 그 말을 알아듣는 것이었다.

약藥

세상에서 가장 믿을 수 없는 것이 바로 우리 나라의 의술醫術이다. 게다가 북경에서 수입해 오는 약은 진품이 아닌 것 같다. 믿을 수 없는 의술에다가 진품이 아닌 약을 쓰니 병이 치료될 리가 없다.

풀·나무·벌레·물고기 등의 명칭과 종류에 대해 폭넓게 연구해서 알 수 있는 사람이 우리 나라에 누가 있겠는가? 또 그런 약재들을 채집하는 시기와 수확하는 방법에 있어, 조금이라도 어긋남이 있으면 병에 이롭기는커녕 오히려 해롭다.

이런 점에 비추어 보면, 우리 나라 약은 모두 스스로를 속이는 것이다. 하물며 외국에서 생산된 것으로서, 이익만을 노리는 장사꾼 손에 맡겨진 것은 더욱 심할 것이다. 요즘 사용하고 있는 녹용이 원숭이 꼬리가 아니라고 누가 장담할 수

부 시의 한 형식. 서사시敍事詩가 주류를 이룬다. 굴원屈原의 '초사楚辭'에서 시작된 이래 하나의 형식으로 고정되어 내려왔는데, 한대漢代에는 대표적 미문美文의 형식으로 확립되었다. 고려 시대부터 과거 시험의 한 과목이 되었다.

백가 중국 전국 시대(B.C. 5세기~B.C. 3세기)에 활약한 학자와 학파의 총칭.

있겠는가? 일본에서는 외국 약재를 사들일 때, 의술에 능한 사람을 엄선하여 검사한다고 한다.

중국에 있을 때, 서양 의서醫書를 번역한 책이 있다는 얘기를 듣고 구하려 했지만 구하지 못하였다. 유럽에서는 사람을 4등급으로 나눈다고 한다. 그 중 1등급에 속하는 사람들이 의학과 도학을 배운다. 따라서 하나같이 정확한 의술을 펴고, 사람이 죽고 사는 것도 미리 안다고 한다. 대부분의 약을 고약膏藥이 되도록 달이고, 그 중 정제된 것만 취하고 찌꺼기는 버리는 것이 또한 서양의 의술이라고 한다.

된장[醬]

우리 나라 사람은 툭하면 우리 음식이 중국 것보다 낫다고 자랑한다. 그러나 이는 근본을 모르고 하는 말이다.

더러워서 입에 댈 수도 없는 것이 된장이다. 오늘날 강계나 절에서는 메주를 만들 때가 되면, 주변 여러 지방의 콩을 사들여서 한꺼번에 쪄낸다. 그런데 콩을 너무 많이 넣어서 정갈하지가 않다. 콩을 주는 사람도 가려서 주지 않고, 받는 사람도 씻지 않아서 콩에 모래나 좀벌레가 섞여 있다. 그래도 그들은 이런 일을 예사로 알고 이상하게 생각하지 않는다. 장을 먹겠다는 사람들이 메주를 더럽게 취급하고 있다. 결국 이것은 먹는 우물물에 똥을 집어 넣는 것과 같다.

또 삶은 콩을 부서진 배 바닥에 쏟아 붓고는 옷을 걷어붙

이고 맨발로 밟는다. 그러면 온몸에서 흐른 땀이 발 밑에 있
는 콩에 떨어진다. 게다가 배 바닥은 여러 사람들이 타고 내
리면서 침과 눈물로 더럽혀진 곳이다. 그러니 요즘도 가끔
된장 속에서 빠진 발톱과 머리카락이 발견되는 것이다. 결
국은 모래나 지푸라기 등 이물질을 다시 체로 걸러낸 뒤에
야 그 더러운 것을 먹을 수 있다. 처음부터 이렇게 잘못되었
으니, 생각하면 구역질 나는 일이다.

나라에서는 담당 관청을 설치하여 장 만드는 일을 감독
해야 한다. 동시에 백성들이 편리한 기구를 사용할 수 있도
록 가르쳐야 한다. 그러면 콩이 만 섬에 달할 정도로 많다
해도, 모두 깨끗하게 만들 수 있을 것이다. 하긴 부엌 한 칸
에서 그렇게 많은 메주콩을 쓰지도 않겠지만 말이다.

강계江界 사람들은 메주를 만들 때, 반드시 물에 씻고 일구
어낸다. 그런 후 삶아서 익으면 망치로 쳐서 한 장씩 만들어내
는데 칼로 자른 듯이 반듯하다. 메주는 이렇게 만들어야 한다.

중국은 메주를 만들 때, 대모玳瑁* 같은 것을 물에 넣으면
장이 금세 맑아진다고 한다. 먼길을 떠나는 사람은
이것을 꼭 가지고 간다고 한다.

옥새
청나라 건륭제가 사용하던 옥새.
3개의 도장을 연결하여 사용한 것
이 이채롭다.

도장[印]

중국에서는 도장을 찍을 때 주사珠砂*를
이용하는 까닭에 깨끗해서 좋다. 그러

나 우리 나라는 붉은 흙에다 물방울을 떨어뜨리고 털을 섞어서 쓴다. 그래서 옆으로 세워서 찍었는지 위아래를 바꿔서 찍었는지 분별할 수 없으며 자국은 있어도 글자가 없는 경우도 있다.

도장이라는 것은 사실 여부를 확인하는 것이다. 그런데 도장은 찍혔으나 분명하지 않으면 무슨 소용이 있겠는가? 또 너무 난잡하게 문서 한 폭에 도장을 4, 5개나 찍는 사람도 있다. 인주는 반드시 기름 주사를 사용해야 하며, 난잡하게 찍지도 말아야 한다. "도장의 글자가 분명하면 간교한 백성이 쉽게 위조할까 염려스럽다."고 말하는 사람도 있다. 그렇다면 측량 용기를 쪼개 버리고 저울대를 꺾어 버리면, 오히려 백성들이 다투지 않는다는 말인가?

그리고 도장이 너무 커서 도장을 담아 두는 함이 주춧돌만 하다. 각 지방 관청의 도장 한 개를 나르려 해도 별도로 말 한 필을 준비해야 할 정도이다. 도장이 이처럼 무려서야 어디에 쓰겠는가. 마땅히 전국의 도장을 모두 모아서, 진秦 · 한漢 시대처럼 크기가 사방 한 치쯤 되게 고쳐야 한다.

관내후關內侯* · 군곡후軍曲侯 · 위청衛靑* · 한신韓信*의 도장이 모두 『인보印譜』*에 등재되어 있는데 크기가 매우 작았다. 도장의 꼭지는 관직의 품계에 따라 사자 · 용 · 거북 등의 모양으로 만들었다. 또한 끈으로 차고 다닐 수 있고, 매우 아담하였다. 만드는 방법도 매우 쉬워서 재물을 허비하지 않아도 된다.

관내후 侯후라는 칭호는 있어도 봉토封土는 없는 것으로 수도에 거주한다.

위청(?~B.C. 106) 한나라 무제武帝 때 장군. 7회에 걸친 흉노匈奴 정벌에서 많은 전공을 세웠다.

한신(?~B.C. 196) 한나라 고조高祖 때의 장군. 초楚나라 항우項羽를 섬겼으나 중용되지 않아 한고조 유방劉邦의 군에 가담하였다. 그 후 한나라 군대를 지휘하여 많은 공을 세워 초왕楚王에 임명되었다.

인보 역대의 오래된 도장이나 유명인들이 새긴 도장을 모아 책으로 만든 것.

담요[毯]

담요는 세상 어느 곳에서나 매일 사용하는 것으로 추위와
습기 및 벼룩을 막아 준다. 지금 우리 나라에도
담요가 있기는 하다. 그러나 비용이 들더라도
제대로 만들려고 하지는 않는다. 왜 그럴까.

털요와 전립毯笠을 만드는 방법을 합치
면 그것이 바로 담요 만드는 방법이다. 전
립은 견고하고 곱지만, 털요는 엉성하고 고
르지 못하여 볼품이 없다.

예전에 어떤 손님이 털요의 단점에 대해 말
하는 것을 들었다. "털요는 먼지투성이고 그을음
냄새까지 나서 도저히 사용할 수가 없다. 어떤 신랑은 첫날
밤에 새 털요를 사용하다가 그 냄새를 신부한테서 나는 냄
새인 줄 알고 평생토록 아내를 멀리하였다고 한다. 이처럼
한 기술자의 잘못이 부부 사이의 금슬마저도 깨뜨린다." 이
이야기를 듣고 그 자리에 있던 모든 사람들이 크게 웃었다.

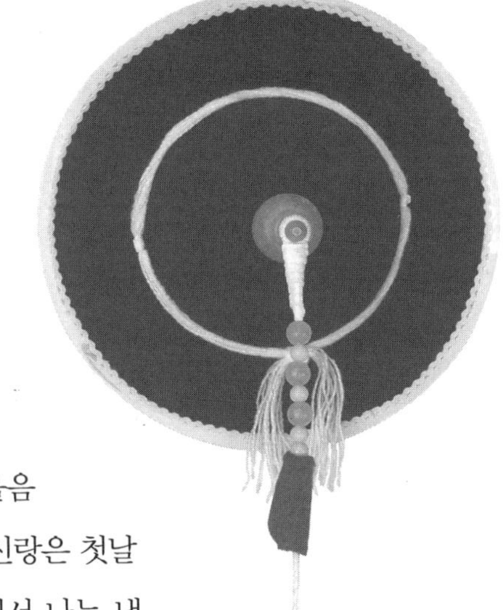

전립
군대에서 죄인을 다루는 병졸인
군뢰軍牢가 군장軍裝을 할 때 쓴
갓. 주로 모직물로 만들었다.

관보[邸報]

중국의 관보*는 모두 인쇄본이다. 우리 나라에서도 인쇄하
다가 중지하였다는데 그 사실이 『경연일기經筵日記』*에 기록
되었다고 한다.

관보를 인쇄하면 이로운 점이 몇 가지 있다. 우선 사초史草를 자세히 살펴보기에 편리하다. 또 각 관청에서 수십 명의 서리書吏들이 들이는 힘도 줄일 수 있으며, 매일 허비되는 종이도 3~4배나 줄일 수 있다. 특히 지금 당장뿐 아니라, 훗날 사기史記를 편찬할 때, 원본을 베껴 쓰느라고 종이를 허비하지 않아도 된다.

인쇄할 때는 나무 활자를 사용하면 매우 편리하다. 관보에서 항상 쓰는 감찰監察·다시茶時·패초牌招·찰임察任·문안問安·답왈答曰·지도知道 같은 어휘는 3~4자 내지 5~6자를 연이어 새겨 둔다. 또한 소장疏章, 정목政目, 관리들의 성명도 새겨 둔다. 그러면 관보는 단지 두세 명만 있어도 충분히 찍어낼 수 있을 것이다.

표암豹菴 강세황姜世晃은 말하기를, "관상감觀象監"에서 달

종이를 만드는 과정
(송응성 편 『교정천공개물』).

1. 대나무를 잘라서 물에 담근다.
2. 대나무를 가마에 넣고 쪄서 펄프를 추출한다.
3. 대자리 발로 펄프를 얇게 건져낸다.
4. 대자리 발을 여러 겹으로 쌓아서 누른다.
5. 종이를 불로 덥혀진 벽에 붙여 말린다.

력을 찍는 글자도 이 방법에 따라 만들어야 한다. 예를 들어 불의출행不宜出行 · 목욕沐浴 · 안장安葬 등의 글자도 모두 연이어 새겨 두는 것이다. 그러면 그 비용도 당연히 줄어들 것이다." 하였다.

종이[紙]

종이는 먹을 잘 받아야 글씨 쓰기나 그림 그리기에 적당하고 좋은 것이다. 쉽게 찢어지지 않는다고 해서 반드시 좋은 것은 아니다.

어떤 사람은, "우리 나라 종이가 세상에서 제일이다."라고 한다. 아마 그 사람은 글을 쓸 줄 모르는 사람일 것이다.

서문장徐文長이 말하기를, "고려의 종이는 그림을 그리기에 적당하지 않다. 돈처럼 두꺼운 것은 그래도 나은 편이지만, 그것도 겨우 작은 해자楷字*를 쓸 수 있을 정도다."라고 하였다. 이미 중국의 지식인은 우리 종이를 이렇게 본 것이다. 돈처럼 두꺼운 것이란 대체로 자문咨文*을 쓰는 종이를 말하는 것이다.

우리 나라는 종이를 뜨는 발[簾]에 일정한 치수가 없다. 그래서 책을 절단할 때 반을 자르면 너무 커서 나머지는 모두 끊어 버려야 하고, 삼등분 해서 자르면 너무 짧아서 글자 밑이 없어진다. 또 전국 8도道마다 종이 길이가 전부 다르다. 이 때문에 얼마나 많은 종이를 허비하는지 알 수가 없다.

종이는 단지 책을 만들 때만 사용되는 것이 아니다. 그러나 책을 기준으로 하여 길이를 맞추어야 한다. 여기에 맞으면 다른 데 이용하기도 좋지만 그렇지 않으면 허비되는 것이 많기 때문이다. 중국의 종이는 치수가 서로 같다. 이 점을 잘 헤아렸기 때문이다. 종이뿐만 아니라 다른 물건도 모두 그렇다.

우리 나라는 옷감의 넓이도 각각이 모두 다르다. 이는 베틀의 치수가 일정하지 않기 때문이다. 종이 뜨는 발도 일정한 치수를 정해서 전국에 공포해야 한다.

활[弓]

중국의 활은 매우 조잡하면서도 큼지막해서 우스꽝스럽기
까지 하다. 사정 거리도 60~70보步에 지나지 않는다. 그러
나 활 전체를 나무로 만들어서 건조할 때나 습할 때나 차이
가 없다.

　우리의 활은 잘 쏘는 사
람이 쏠 경우 200보까지도
나간다. 그러나 구들장의 따
뜻한 온기를 잠깐이라도 쬐게 되
면 고장이 나 버린다. 비가 오면 더더
욱 사용할 수가 없다. 그렇다고 적이 항상
맑은 날에만 쳐들어 올 것이라고 예상할 수는 없
는 노릇이 아닌가?

　어떤 사람이 말했다. "멀리 나가는 것이 최고는 아니다.
가까운 표적이라도 반드시 맞춰야만 천하 제일의 활솜씨라
고 할 수 있다. 이광李廣*은 수십 보 안쪽에 있는 목표물을
쏠 때도 맞추기 어렵다고 생각하면 쏘지 않았다고 하니 이
것이 그 한 증거이다. 멀리만 쏘려는 것은 전투에 임하기 전
에 미리 겁부터 내는 것이다. 마음을 비워야 표적이 보인다.
일정한 거리를 두고 서서, 마치 의기儀器(천문기구의 일종)의 규통
窺筒*을 살피듯이 신중하게 표적을 겨누어야 한다. 그래야만
화살이 똑바로 빠르게 날아간다."

　이는 제법 일리가 있는 말이다. 그러나 옛날에도 활을 멀
리 쏘려고 했다. 『북사北史』*「원위본기元魏本紀」에 보면, 비석

활과 화살

이광 한나라 문제文帝 때 사람.
팔이 원숭이처럼 길고 활을 잘
쏘았다고 한다.

규통 의기儀器를 볼 때 쓰는 기
구. 의기란 혼천의渾天儀·지구
의地球儀 같은 천문기구다.

을 5리里 밖에 세워 놓고 활을 쏴서 화살이 꽂힌 곳을 기록
하였다고 한다.

총과 화살[銃矢]

중국의 총은 우리 것과 똑같고, 화살의 깃[羽]은 나선형이다.

자[尺]

우리 나라에서 옷감을 재단할 때 사용하는 자는 중국의 자
와 똑같다. 우리 자가 중국에서 나온 것임을 알 수 있다. 일
상에 쓰는 작은 자는 우리 나라 자보다 4푼 정도 짧다.

문방구[文房之具]

우리 나라 붓은 붓털 안팎이 가지런해서 한번 닳아 버리면
그만이다. 그러나 중국 것은 안쪽 털이 점점 오그라들면서
겉쪽 털이 나와서 오래 쓸수록 끝이 더욱 날카로워진다.
　우리 나라의 먹은 1년만 지나도 벌써 광택이 사라지고,
그 다음 해에는 아교가 굳어서 갈리지 않는다. 그러나 중국
것은 오래될수록 값지다. 소동파蘇東坡*가 말하기를, "사람이

먹을 가는 것이 아니라 먹이 사람을 간다고 해야 옳다."고 하였다.

우리 나라 서적은 거문고의 작은 줄 같은 색끈으로 엮었다. 그런데 그것이 항상 끊어지는 이유는 너무 바짝 당겨서 늘어지지 않기 때문이다. 중국 책은 쌍가닥으로 엮어서 여유가 있다. 나는 갖고 있는 중국 책이 심하게 해어지지 않는 한 구태여 다시 엮지 않는다. 그래봐야 힘만 들고 오히려 책을 망쳐 놓기 때문이다.

골동품과 고서화[古董書畫]

유리창 좌우 십여 리 지역과 용봉사龍鳳寺 개시開市에는 언뜻 보아도 형용할 수 없을 만큼 휘황찬란한 것들이 있다. 이는 모두 오래된 제사용 술잔이나 옥구슬, 고서화古書畫 등 기기묘묘한 것들이다. 그러나 그 가운데 진품은 사실 보기 힘들다. 그래도 세상의 수많은 재물들이 모두 여기로 모여들어 거래하는 장사꾼들이 그치지 않는다.

어떤 사람은, "넉넉하기는 하지만 백성의 생활에는 전혀 도움이 안 되는 것들이다. 불태워 버린들 무슨 손해가 있겠는가?" 한다. 맞는 말인 것 같지만 사실은 그렇지 않다. 푸른 산과 흰 구름은 분명히 먹고 입는 것이 아니다. 그렇지만 사람들은 그것을 사랑한다. 만약 그것이 백성들의 삶과는 아무런 관련이 없다고 하여 끝내 즐길 줄 모른다면, 그 사람은 과연 어떻게 되겠는가?

새와 짐승, 벌레와 물고기 등이 그려진 물건, 술항아리나 술잔의 형태, 그리고 산천의 네 계절을 묘사한 글과 그림 등, 이러한 모든 것이 지닌 의미를 『주역周易』*에서는 괘卦의 형상으로 나타냈다. 또 『시경詩經』*에서는 '흥興'으로 엮었다. 어떻게 아무런 이유도 없이 그렇게 하였겠는가? 그렇게 함으로써 마음속의 지혜를 북돋우며 사람의 천성을 계발하는 것이다.

우리 나라 사람들의 학문은 과거 시험에서 벗어나지 못하고 있다. 보는 것도 좁아서 국경의 울타리를 넘지 못한다. 그러므로 불경佛經이 적힌 종이를 더럽다 하고, 밤색 화로를 추하다고 한다. 이러다가는 곧이어 우아한 문명의 경지와 스스로 인연을 끊게 될 것이다.

벌레도 꽃에서 사는 것은 날개와 수염에서 향기가 나지만, 더러운 곳에 사는 것은 꿈틀거리는 것이 징그럽기만 하다. 미물도 이와 같으니 사람도 당연히 그러하다. 아름다운 비단 속에서 자란 사람은 더러운 먼지 속에 빠진 사람과는 틀림없이 다를 것이다. 나는 우리 나라 사람들의 수염과 날개에서 향기가 배어 나지 못할까 봐 걱정스럽다.

세상의 보배로운 물건도 우리 나라에 들어오면 모두 천해진다. 삼대三代 시대의 그릇이나 유명한 현자賢者의 필적도 그 가치에 맞는 값을 받지 못한다. 필묵筆墨·향기로운 차茶·서적 등도 항상 중국의 반값이다. 이는 모두 사대부가 옛것을 좋아하지 않기 때문이다.

중국에 있을 때 한 서점에 들렀더니, 그 주인이 거래 장부를 정리하느라 매우 바빠서 잠시나마 이야기할 틈도 없었다. 그런데 우리 나라의 책장수는 책 한 권을 가지고 몇 달씩 사대부 집을 두루 돌아다녀도 결국에는 팔지 못한다. 나는 중국이 문명의 본고장이라는 것을 깨달았다.

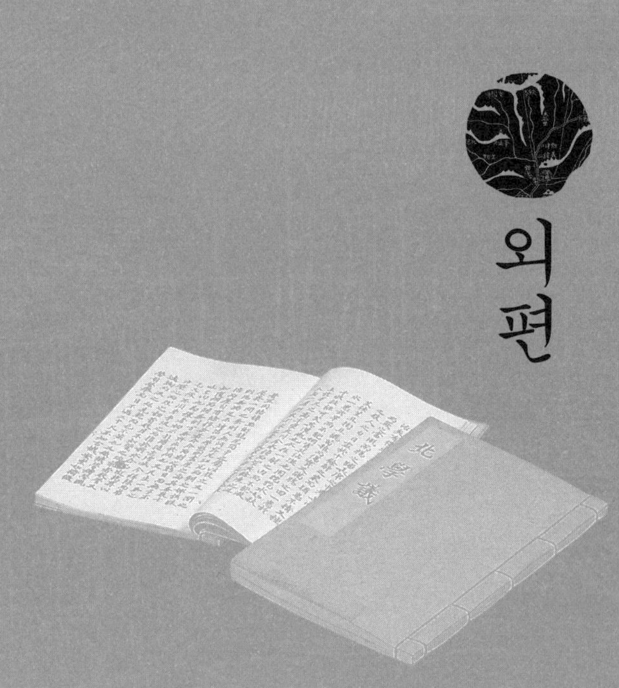

외편

밭[田]

「진북학의」 편에 있다.

거름[糞]

중국에서는 거름을 금처럼 아낀다. 재를 길바닥에 버리는 일이 없다. 말이 지나가면 삼태기를 들고 따라가면서 말똥을 줍는다. 도로변에 사는 백성은 날마다 모래밭에서 광주리와 가래[鍬]를 가지고 말똥을 가린다. 산처럼 쌓은 거름더미는 네모 반듯하며 간혹 삼각이나 육각으로 쌓기도 한다. 거름더미 밑바닥에 배수로를 파서 거름의 진국이 흘러나가지 못하도록 하였다. 똥을 거름으로 쓸 때에도, 물을 타서 진한 흙탕물처럼 만든 다음 바가지로 퍼다 쓴다. 효과를 고르게 하려는 것이다.

우리 나라에서는 마른 똥을 그대로 사용해서 효력이 떨어지고 완전하지 못하다. 또 성 안에 있는 분뇨를 전부 수거하지 못해 더러운 냄새가 길에 가득하다. 냇가 다리의 석축 주변에는 인분이 덕지덕지 붙어서 큰 장마가 아니면 씻겨지지 않는다. 발에는 항상 개똥이나 말똥이 밟힌다. 이것만으로도 백성들이 밭을 잘 가꾸지 않는다는 것을 알 수 있다.

분뇨를 수거해 가지 않고, 재를 함부로 길에다 버려서 바람이 조금만 불어도 눈을 뜰 수가 없으며 이리저리 날려서 많은 집의 술과 밥을 더럽힌다. 사람들은 단지 그 불결함만을 탓할 뿐, 그것이 사실은 함부로 버린 재 때문에 생겼다는 것을 모른다.

시골에는 사람이 적다. 그래서 재를 구하려고 해도 충분히 구할 수 없다. 그러나 지금 성 안에서는 재를 일 년만 모아도 몇 만 섬은 충분히 될 것이다. 그런데 전부 버리고 이용하지 않는다. 이것은 몇 만 섬의 곡식을 버리는 것과 같다.

중국의 법률에는 "더러운 것을 길에 버리는 자는 곤장형에 처한다. 단 일반 하숫물은 예외다."라는 문구가 있다. 또 진秦나라는 법으로 재를 버리는 자는 사형에 처했다. 비록 상앙商鞅*이 만든 혹독한 법이지만, 중요한 것은 그것이 농사에 힘쓰라는 뜻에서 나왔다는 점이다.

우리 나라의 관리들도 백성들이 재를 함부로 버리는 것을 금해야 한다. 그러면 농사에도 도움이 되고 나라도 깨끗해지는 일거양득의 효과를 얻을 수 있다.

상앙(?~B.C. 338) 중국 전국시대戰國時代 진秦의 정치가. 10년간 재상宰相으로 있으면서 엄격한 법치주의 정치를 시행하였다. 진나라 성립의 기반을 세웠으나 백성들의 원성을 들었다.

뽕나무[桑]와 과일[菓]

　뽕나무는 더디게 자란다. 그래서 완전히 성장할 때까지 기다리기란 쉽지 않다. 늙으면 나무가 병들어서 잎은 적고 열매만 많이 열린다.

　뽕나무를 심을 때는 밭에 바로 심어서 채소나 곡식처럼 가꾸는 것이 좋은 방법이다. 심은 첫해에 돋은 줄기는 불에 태우고 2년째는 가지를 베어 버려야 한다. 그래야 떨기가 무성하게 자란다. 그런 후 그 가지를 베어다가 누에에 먹인다. 중국 난하灤河* 서쪽에는 모래밭이 많은데, 새로 심은 뽕나무가 끝없이 펼쳐져 있는 것을 볼 수 있다. 뽕나무는 말안장 정도의 높이로 가지런히 자라는데, 가지와 잎에 윤기가 나는 것이 보통 뽕과는 다르다. 이러한 사실은 모두 『농정전서農政全書』*에 적혀 있다.

　과일은 중국식 방법으로 저장하는 것이 가장 좋다. 작년 여름에 딴 묵은 과일도 금년에 새로 수확한 과일과 섞어 판다. 풀명자나무 열매[樝梨]나 포도 등은 그 빛깔이 나무에서 금방 따온 것 같다. 이 한 가지 저장법만 알아도 한 시절의 이익은 충분히 볼 수 있을 것이다.

　『물리소식物理小識』*이란 책에 배는 무와 함께 저장하면 썩지 않으며, 또는 배 꼭지를 무에 꽂아 두라고 하였다. 또 다른 농업서에는 한창 자라고 있는 대나무 위쪽을 잘라내고 그 대통에다 감을 저장한 다음, 진흙을 뭉쳐서 대통 입구를 막아 두었다가 여름이 지난 후에 꺼내라고 하였다.

난하　하북성河北省 북동부를 흐르는 강. 하북평야를 거쳐 발해만渤海灣으로 흘러든다.

농정전서　중국 명나라의 농서農書. 서광계徐光啓가 편찬하였다. 마테오리치와도 친교가 있던 그는, 서양 학문에도 깊은 관심을 가지고 새로 수입된 서양의 수력학水力學과 지리학도 참고하였다.

물리소식　명明의 방이지方以智가 편찬한 자연과학에 관한 책.

주밀周密*이 지은 『제동야어齊東野語』에 "생황笙簧의 혀(입을 대고 부는 곳)는 반드시 고려에서 산출되는 구리로 만들며 녹색 밀랍으로 푸르게 만든다[靘]. 생황의 혀를 따뜻하게 하면 모양도 바르게 되고 소리도 맑아진다. 그러므로 반드시 불에 쬐어야 한다."고 하였다. 또 육천수陸天隨*의 시에는 "첩의 마음은 생황의 혀처럼 싸늘하니, 임께서 자주 따뜻하게 해 주소서."라 하였고, 미성美成이 지은 『악부樂府』*에는 "생황은 따뜻하게 해주어야 소리가 맑다."고 하였다. 그런데 정靘 자는 『운서韻書』*에 음이 청請 자와 같다고 하였고, "정명靘明은 푸른 과일의 색깔이다."라고 주를 달아 놓았다. 과일을 저장할 때는 반드시 청동靑銅 색깔을 이용했기 때문이다.

농사와 누에치기

「진북학의」 편에 있다.

이희경李喜經의 『농기도農器圖』 서문

옛날에 신농씨神農氏*가 처음으로 농사를 가르칠 때, 나무를 깎아서 보습을 만들었고, 나무를 휘어서 쟁기를 만들었다. 그 후 착한 임금과 어진 신하들이 농사일의 이치를 밝힘으로써 후세의 영원한 기준으로 삼았다. 그러므로 요堯 임금 때에, 후직后稷°은 토질을 살피고 거기에 알맞은 곡식을 심도록 해서 농사의 스승이 되었고, 순舜은 역산歷山에서 밭을 갈다가 천자天子가 되었다.

우禹°는 물길을 잘 다스려서 백성들이 쌀밥을 먹게 하였다. 이윤伊尹°은 유신씨有莘氏의 들에서 밭을 갈다가 탕湯° 임금의 정승이 되었는데, 가뭄이 7년 동안 계속되자 백성들에게 밭을 구획하는 법을 가르쳐서 재앙을 입지 않게 하였다.

주周나라가 일어난 것은 사실 후직에서 비롯된 것이다. 그래서 주공周公은 그가 농사일에 힘쓴 사실을 「7월편」°에 적어서 성왕成王을 깨우치려 하였다. 진秦나라에 이르러서는 상앙이 정전井田°을 폐지하고 밭 사이에 길을 만들었으며, 길에다 재를 버리는 자는 저잣거리에서 죽였다. 지극히 혹독한 법이었으나 그 요지는 농사에 힘쓰게 하려는 데서 비롯된 것이었다.

한漢나라가 일어나서 비록 옛 제도를 모두 복구하지는 못하였으나 효제역전과孝悌力田科라는 과거 제도를 설치하였다. 그리하여 모든 지방 관리들이 백성들에게 농사짓는 방법을 가르칠 줄 알았다. 농기구도 사용하기 편리하게 만들었고, 김매기도 그에 맞는 방법이 있어, 힘은 적게 들어도 능률은

보습
따비나 쟁기에 달린 삽.
쟁기자루는 뢰耒,
보습은 사耜라 한다.

후직 중국 주나라의 시조. 성은 희姬, 본명은 기棄. 요제堯帝의 농관農官이 되고 섬서성 무공현 부근의 태邰에 책봉되어 후직이라는 벼슬을 지냈다.

우 중국 하夏나라 시조. 요 임금 때 대홍수가 발생하자 섭정을 하고 있던 순이 그에게 치수治水를 명하였다. 그는 13년간의 노력 끝에 이 일을 성공시켰다. 순이 죽은 후 그가 제위를 계승하여, 나라 이름을 하로 고쳤다.

이윤 은殷의 재상. 탕왕이 하나라를 멸하는 데 큰 공을 세웠다.

탕 은나라의 시조. 성탕成湯이라고도 한다. 그가 하나라의 걸왕桀王을 멸한 행위는 주나라 무왕武王이 은나라 주왕紂王을 토벌한 일과 함께, 정당한 '혁명적' 군사 행위로 인식되었다.

7월편 『시경詩經』 「빈풍」의 편명. 농사짓는 어려움과 고달픔을 노래한 것이다.

정전 상대商代의 토지 제도. 토지의 한 구역을 井자로 9등분한 후, 바깥쪽은 8가구가 각각 경작하고 중앙 1구는 공동 경작하여 국가에 조세로 낸다. 대부분의 학자들이 이상적인 토지 제도로 생각했다.

갑절이었다. 그때 범승汎勝 ˙ · 조과趙過 · 왕경王景 · 황보융黃甫隆 같은 유명한 사람들은 모두 농촌 출신으로서 관리로 발탁된 사람들이다. 이렇듯 나라를 다스리는 학문이 농사에서 비롯되어, 백성들이 그 혜택을 입었으며 교화敎化가 행해진 것이었다.

지금 우리 나라는 관리를 임용함에 있어 오로지 문벌만을 따진다. 고관의 아들이라야 고관이 되며 서민의 자식은 항상 서민이 된다. 모든 사람은 원래의 신분에서 한 발자국도 못 벗어난다. 이는 이미 오래 전부터 그러했다.

높은 지위에 있는 사람은 귀하고 부유해서 직접 농사짓는 일이 없으며, 가끔 심한 경우에는 콩과 보리도 분간하지 못한다. 반면 모든 서민은 눈을 뜨고도 글을 읽지 못한다. 가르침을 받은 적이 없어 대체로 어리석고 무식하다. 그래서 오직 힘으로 일할 뿐이다.

세간에 "어리석은 자가 농사일을 한다."라는 말이 있다. 먼 옛날에는 이런 말을 하지 않았다. 또한 오늘날은 씨 뿌리는 방법이나 써레를 쓰는 시기, 호미와 쟁기를 사용하는 방식 등에 있어 예전과는 전혀 딴판이다.

비록 재주가 뛰어나고 지혜로워, 스스로 깨우쳐 아는 탁월한 사람이 있다 하

써레
방망이 굵기의 나무를 발처럼 엮고 그 위에 사람을 태우거나 돌 또는 뗏장을 올려놓고 소나 사람이 끌어 흙덩이를 부수거나 고르는 데 쓴다.
ⓒ 농업박물관.

더라도 자신의 학식을 실제로 펼칠 수 없다. 더구나 우리 나라에는 역탁礧礴·육독磟碡·둔차砘車 같은 농기구가 전혀 없다.* 그런 까닭에 밭고랑이 메말라 곡식을 심어도 제대로 자라지 못한다. 일 년 동안 있는 힘을 다해도 그 대가를 얻지 못하며, 매일매일 계속해서 굶주려도 그 까닭을 깨닫지 못한다. 아아, 이렇게 된 이유를 누군들 잘 알겠는가?

나는 본래 운명이 기구하고 재주도 적어서, 명철하신 임금을 보좌하여 한 세상을 구제하기에는 턱없이 부족하다. 그래서 장차 늙어 죽을 때까지 밭에서 농사짓는 일에나 힘쓰고자 한다. 그런데 아직도 옛날의 농업 방식을 회복하지 못해 애석하고, 정신이 아득할 정도로 풍속이 어지러워 슬프기만 하다. 이에 오늘날에도 쓸 만한 농기구를 널리 수집하였다. 아울러 아우 추찬秋餐의 그림을 넣어서 한 권의 책으로 만들었다. 농사짓는 짬짬이 펼쳐 보기 쉽게 하기 위해서다. 한 집에서 이용하기에는 충분하겠지만, 온 세상에 도움이 될 것은 아니다.

용미차龍尾車에 대한 이희경李喜經의 설명

윤암綸菴 이희경은 다음과 같이 말했다.

우리 나라의 농기구는 대부분이 완전하지 못하다. 수차水車*도 처음에는 그 원리를 이해하는 자가 없었다. 물은 위에서 아래로 흐르게 마련이다. 비록 한 뼘 정도의 높이라도 거

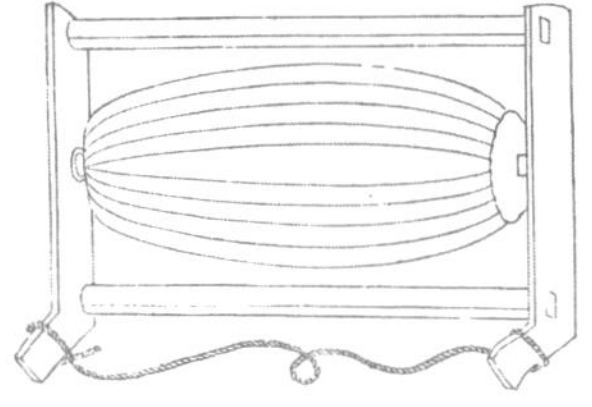

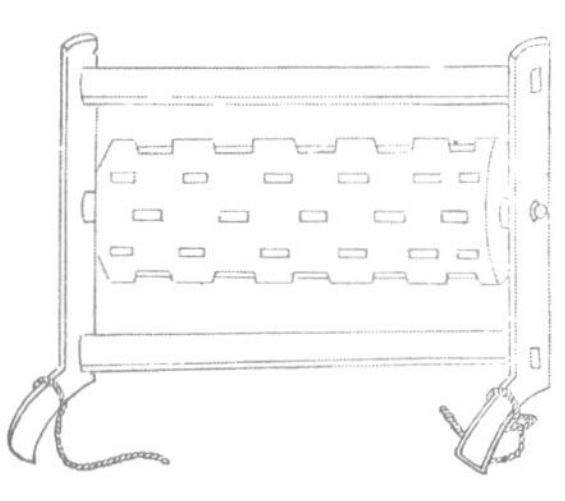

육독(위)과 역탁(아래).
(범초옥 편 『중국과학기술전적통휘』).

슬러 오르게 할 수는 없다. 오늘날 '물을 이용한다' 는 것도, 알고 보면 하천의 하류를 막아 수면이 높아지면 저절로 물이 넘쳐서 밭으로 흘러 들어가기를 기다리는 것이다. 그러다 폭우가 쏟아지면, 그때마다 둑이 터져서 여러 집이 울부짖는다. 정말로 어리석은 일이다.

나는 서양의 수차인 용미차를 본 적이 있다. 그런데 돌아가는 원리가 하도 복잡해서 보통 사람은 이해할 수도 없다. 이 수차는 많은 양의 물을 퍼 올려서 통차筒車, 항승恒升, 옥

수차
중국 귀주貴州 지방의 수차. 논이 하천보다 높은 곳에 위치하여 물을 끌어 올려 사용했다.

형玉衡* 등에 비하여 열 배 이상의 효과가 나타났다. 만약 굴대의 지름이 두 자이면 수차 몸통도 두 자 높이이고, 네 개의 몸통 사이에도 두 자 높이의 물이 차 있다. 옛 말에 "큰 개천의 둑을 터뜨려 놓은 듯하다."라고 했는데 이를 두고 한 말 같았다.

예전에 내가 조금 긴 나무를 깎아서 굴대를 만들고 몸통에 진흙을 바른 다음, 둘레를 벚나무 껍질로 싸고 바퀴를 달아 운전해 보았다. 바퀴는 토규土圭*의 바퀴처럼 작은 것을 달았다. 아이를 시켜 작은 못가에 설치하고 시험삼아 운전해 보았더니 모든 것이 제대로 작동하였다. 이를 본 사람들은 놀라서 신기하다고 하였다.

어떤 사람은 "수차 몸통이 큰데다가 물의 무게까지 가중되니, 물에 계속 씻기다 보면 굴대 쇠가 빨리 닳을 것이다. 그러면 하루만 사용해도 고치느라 괴롭기만 할 것이니 사용

토규 옛날에 해 그림자를 측정하던 기구.

할 것이 못 된다.”고 한다. 나는 “그대는 땅 위를 달리는 수레의 굴대를 보았는가. 무거운 짐을 싣고 먼길을 가는 동안 한없이 돌아갔을 것이다. 그래도 굴대에 고장이 생겼다는 말은 아직 듣지 못하였다. 수차를 아이들의 바람개비처럼 너무 빠르게 돌리면, 미처 물을 끌어올리지 못하고 오히려 헛돌기만 한다. 때문에 천천히 돌려야지 빠르게 하면 안 된다. 그러니 굴대가 쉽게 닳을까 봐 걱정할 필요가 무엇이 있겠는가?” 하였다.

중국에 호부戸部 원외랑員外郞을 맡고 있는 당락우唐樂宇라는 사람이 있다. 그는 호가 원항鴛港이고 사천성泗川省* 면주綿州 사람인데, 이상한 기계를 많이 알고 있었다. 초정楚亭 박제가와 함께 그와 대화를 나눈 적이 있었는데, 우리는 서로 의견이 일치하였다. 그는 “강남에서는 나무로 만든 굴대를 사용한다.”는 말도 하였다. 그런데 굴대를 설치할 때, 놓쳐서 땅에 떨어뜨리면 부서지기 쉽다. 우리나라 사람은 솜씨가 거친 만큼 이 점을 조심해야 할 것이다.

중국의 답차

과거 제도에 대하여 1 [과거론科擧論]

　과거란 무엇인가? 사람을 뽑으려는 것이다. 사람을 뽑아서 무엇을 하려는 것인가? 나라에서 쓰려는 것이다. 나라에서 글 잘하는 사람을 뽑아 그의 글을 쓰는 것은 활을 잘 쏘는 사람을 뽑아 그의 활 솜씨를 쓰려는 것과 같은 것이다.

　그러면 지금의 과거는 무엇을 하려는 것인가? 앞서 실시한 과거 합격자도 아직 다 임용하지 못했는데 이번 과거에서 또다시 무더기로 뽑는다. 3년마다 보는 대비과大比科* 외에도 반시泮試*·절일제節日製*·경과慶科*·별시別試·도과道科* 등 과거의 종류가 너무 많고 서로 중복된다. 몇십 년만 실시해도 대과大科와 소과小科의 총 합격자가 국가 관원의 정원보다 열 배나 많아진다. 열 배나 되는 관리는 결코 다 임용될 수 없다. 결국 합격자의 9할은 쓸데없이 선발했음이

대비과 식년시의 다른 이름.

반시 성균관 유생들을 대상으로 치르는 시험.

절일제 절제節製라고도 함. 매년 인일人日(1월 7일)·상사上巳(3월 3일)·칠석七夕(7월 7일)·중양重陽(9월 9일)에 실시하였다. 시험 대상은 반시와 같다.

경과 나라에 경사가 있을 때 치른 부정기 과거 시험. 증광시·별시·알성시·춘당대시 등이 모두 여기에 속한다. 조선 후기에는 그 종류가 10여 개나 되었다. 이는 과거의 본래 목적과는 달리 유생들에게 국가 경축의 기쁨을 나누어 주고, 변방에 있는 유생들의 노고를 위로하기 위하여 시행된 것이다.

도과 각 도에서 실시한 특수한 과거. 각 도의 감사監司에게 명하여 실시한 후 서울에서 심사·발표하거나, 대신을 보내 현지에서 시험 결과를 발표하였다. 합격한 사람은 전시殿試에 직접 응시할 수 있었다.

과거 제도

과거 제도는 고려 광종(4대) 때 쌍기의 건의로 처음 실시되었다. 고려 시대에는 문과·승과·잡과로 나뉘었으며 조선 시대에는 문과·무과·잡과로 구분하였다. 이를 통해서도 고려는 무신을 차별하였고 조선은 승려들을 인정하지 않았음을 알 수 있다. 조선 시대에 문관文官이 되기 위해서는 소과인 생진과를 거쳐 대과인 문과에 합격해야 한다. 생진과는 생원과生員科와 진사과進士科로 나뉜다. 절차는 지방의 초시初試를 거쳐 서울의 복시覆試에 합격해야 한다(100명). 합격하면 성균관에 입학하고, 나중에 문과에 응시할 수 있다. 문과도 지방 초시를 통과한 후(240명) 서울 복시에 최종 합격되면(33명), 왕 앞에서 순위를 정하는 전시殿試를 본다. 무신武臣을 선발하는 무과도 그 시험 절차는 문과와 같다(28명). 따라서 관리가 되려면 모두 다섯 차례의 시험을 보아야 한다. 기술관 채용을 위한 잡과는 역과譯科(사역원의 통역관), 의과醫科(전의감의 의술인), 음양과陰陽科(관상감의 기술관), 율과律科(형조의 법률관)의 4과가 있었다. 대개 잡과는 양반의 서자 등 중인中人들이 응시했다. 과거 시험은 실시 기간에 따라 정기시와 부정기시로 나뉜다. 3년마다 보는 식년시式年試가 정기 시험이고, 증광시增廣試(국가에 큰 경사가 있을 때 봄)·별시別試(보통 경사 때나 중하위직 관리 대상 시험)·알성시謁聖試(성균관 유생 대상)·춘당대시春塘臺試(창경궁의 춘당대에서 실시한 데서 유래) 등 부정기 시험이 있었다. 이 중 알성시나 춘당대시는 단 한 번의 시험으로 관리에 임용될 수 있는 시험이다. 그러나 부정기 시험이 증가하면서 과거 합격자가 지나치게 늘어나는 부작용이 초래되었다.

분명하다.

사람을 뽑는 목적은 과연 어디에 있는 것인가? 지금은 세상에 유행하는 문체로 시험을 보아 사람을 뽑는다. 그런 글로는 위로는 홍문관弘文館*이나 예문관藝文館* 등의 관리로 충원해도 임금의 자문에 대비할 수 없으며, 아래로는 사실을 기록하거나 자신의 정서를 나타내는 것조차 잘할 수 없다. 더벅머리 시절부터 공부를 하여 백발이 되어서야 과거에 합격하면 그 날로 지금까지 공부한 것을 버린다. 따라서 일생의 정기가 이미 사라져 나라에는 별 소용이 없게 된다.

과거 시험의 과목 중에는 시詩·부賦·표表·책策* 등이 있다. 글을 쓸 때는 포두鋪頭·포서鋪敍·입제入題·회제回題·초항初項·재항再項·중두中頭·허두虛頭라는 형식에 따라야 한다. 또 사서의四書疑나 오경의五經義*라고 해서 써 낸 것도 모두 진부하고 비슷하다. 한 글자도 참다운 지식과 새로운 해석이 없는 것이다. 글을 읽을 때, 글자를 보면 운韻을 떠올리고 글귀를 보면 시험 제목을 생각한다. 어떤 말을 쓰면서도 그 말과 관련된 사실은 모른다.

이런 시험을 통해 사람을 선발하니 정말 엉성하기 짝이 없다. 더구나 시험을 볼 때도 글씨를 잘 쓰는 사람에게 대신 쓰게 하거나 아예 대리 시험을 치르기도 한다. 또는 요행을 바라고 무턱대고 응시한다. 그러니 그로 인한 폐단은 일일이 열거할 수가 없다.

심지어 지방에서 보는 시험에서도 응시자가 항상 천 명

이 넘는다. 서울의 대동과大同科* 시험도 응시하는 유생들이 종종 수만 명에 이른다. 응시자가 수만 명에 이를 정도로 많은데도 합격자는 반나절 만에 발표된다. 채점하는 사람이 붓을 잡는 것조차 피곤해지면 답안지를 보지도 않고 낙방을 시킨다. 이런 때는 비록 한유韓愈*가 주관하는 과거 시험에 소식蘇軾이 응시했다 해도, 그렇게 짧은 시간에 합격하긴 어려울 것이다.

아아! 정정당당하게 선비를 가려 뽑아야 하는데, 오히려 제비뽑기로 그 수를 채우는 것만도 못하다. 사람을 뽑는 방법치고는 믿을 것이 정말 못 된다. 게다가 문벌과 붕당에 따라 합격 여부가 결정되기도 한다. 다행히 그런 것을 다 피하고 제때에 등용되는 자가 있다 해도 그 역시 재주를 부린 결과이다. 결국 인재를 뽑는 것은 저들 손에 달린 것이지 응시자의 실력에 달린 것이 아니다.

옛날에 구양수歐陽修*는 소식蘇軾을 위하여 시험 날짜를 연기했었다. 그가 어진 사람이라는 것을 확신했기 때문에 시기를 늦춰서라도 뽑은 것이다. 그런데 지금은 일단 과거에 응시하면, 그가 자격이 없다는 것을 분명히 알면서도 합격시킨다. 세상에 유행하는 글에 젖은 무리들이 이들이다. 반면에 과거에 응시하지 않으면 그가 쓸 만한 인물이라는 것을 확실히 알면서도 뽑지 않는다. 학식이 넓고 재주가 있는 사람들이 여기에 해당된다. 옛날에는 과거를 통해 인재를 뽑으려 했는데, 지금은 오히려 과거가 인재의 등용을 방해하고 있다.

대체로 사람이 태어나서 열 살이 되면 나날이 예리하고 영특해진다. 마치 대나무가 처음 돋을 때는 그 기세가 하늘을 찌를 것처럼 보이는 것과 같다. 바로 이 시기에 수년 동안 계속해서 세상에 유행하는 글만 가르친다. 결국 그것은 고질병이 되어 더 이상 고칠 수가 없다.

다행히 과거에 합격해도 그 날로 그 동안 공부해 온 것을 내다 버린다. 이렇듯 일생 동안 갈고 닦은 정기가 그 날로 사라지니 나라에는 아무런 소용도 없다. 사람을 뽑아 놓고도 쓸 곳이 없고, 또 아무 쓸데도 없는 글로 사람을 뽑으니, 내가 하루 종일 먹지도 자지도 않고 생각해 봐도 그 까닭을 알지 못하겠다.

어떤 이는 "조정의 유명한 신하들 중에 많은 사람들이 이런 과거를 통하여 배출되었다."고 한다. 그러나 그렇지 않다. 모든 길을 다 막아 놓고 오직 문 하나만을 열어 놓으면 비록 공자라 해도 그 문으로 나와야만 할 것이다.

옛날의 과거가 지금의 과거*와는 비교가 되지 않을 정도로 좋았던 점은 무엇인가? 선대 왕 조종조* 때는, 과거에 응시한 유생이 400명이나 된다고 해서 축하한 적이 있었다. 가장 많이 응시한 것이 400명이었던 것이다. 다른 것은 둘째치고 단지 시험장에 입장할 때도, 서로 앞을 다투다 밟고 밟히는 폐단은 없었다.

지금은 응시생이 그때의 100배나 된다. 이들은 물, 불, 짐바리 등을 지닌 채 시험장 한가운데 자리잡는다. 또한 힘센 무인武人들과 심부름하는 노비들, 술 파는 장사꾼도 시험

지금의 과거 과거 시험의 폐단은 대체로 다음과 같았다. 수종隨從-시험장에 시종들을 데리고 입장. 조정무로-시험관이 시간에 쫓겨 답안지의 몇 줄만 읽어 보거나, 먼저 제출한 것만 채점. 협서挾書-시험장에 책을 갖고 들어감. 차술借述-베껴쓰거나 대리 시험을 치르게 함. 혁제赫蹄-시험관과 짜고 문제를 미리 앎. 절과竊科-합격자를 바꿔치기 함.

조종조 임금의 시조. 혹은 나라를 중흥시킨 선대 임금 시절.

장에 들어간다. 어떻게 시험장이 난잡해지지 않을 수 있겠는가? 심지어는 몽둥이나 막대기로 서로 치고 찌르기도 한다. 또는 문을 가로막거나 길에서 욕을 해대며, 변소까지 따라와 구걸을 한다. 그러니 시험을 치르는 그 하루 동안에도 머리가 하얗게 된다. 때로는 사상자나 압사자가 생기기도 한다. 온화한 얼굴로 공손해야 할 곳에서 강도가 싸우듯 하는 것이다.

옛 사람들이라면 틀림없이 지금의 과거에는 응시하지 않을 것이다. 내가 알기로는 옛날 사대부는 과거에 응시하면서도 속으로는 오히려 꺼림칙하게 생각했다고 한다. 지금은 모든 사람들이 과거에 응시하면서, 은연중에 마치 사람된 도리로서 시험에 빠질 수 없는 것처럼 생각한다.

그들은 또한 구차하게 세상에 유행하는 글을 쓰는 정도의 안목으로 함부로 육경六經*과 고문古文*에 대해 말한다. 이런 부류는 경서의 참뜻을 거스르고 옛것을 모독하고야 말 것이다. 세상이 어찌 되어 가는 것인지 걱정하지 않을 수 없다.

그러므로 지금의 과거 제도야말로 가장 시급히 고쳐야 할 것이다. 과거 제도를 고치려면 무엇보다 먼저 중국의 제도를 배워야 한다. 그 가운데 첫째는 문체文體이고, 둘째는 시험을 주관하는 고시관考試官*에 관한 것이며, 셋째는 시험장의 출입을 효과적으로 단속하는 문제다.

중국도 문장력으로 사람을 뽑는다. 사詞와 부賦는 수隋, 당唐 시대부터 시작되었고, 팔고체八股體*는 송나라의 왕안석王

安石*에서 비롯되었다. 그런데 그런 문체로 인해 온 세상이 병들었고 오늘날에는 그 폐해가 극에 이르고 있다.

그러나 그 당시, 경서에 대한 해석이나 국가 제도에 대한 개선책으로 제출된 글들은 모두 그 뜻이 넓고 깊었으며 체제도 두루 갖추어져 있었다. 또 오언시五言詩*와 팔운시八韻詩는 정교하고 기묘하였고, 갑부甲賦*는 맑고 밝았으며 운韻과 합치하는 것도 그 근거가 뚜렷하였다. 따라서 글의 기풍이 마치 누각에 오르면 시야가 탁 트이는 것처럼 장쾌했다. 우리 나라의 옛 글로는 미처 따라갈 수가 없는 것이다.

진실로 과거 제도를 전부 개혁하여 삼대三代의 옛 제도를 회복할 수 없다면, 우선 위에서 말한 세 가지라도 실시해야 한다. 그러면 잠시나마 세상 이목을 새롭게 할 수 있으며, 과거 때문에 전국에 걸쳐 만연된 고질병도 고쳐, 조금이나마 옛날 중국의 노魯*나라와 비슷해질 수 있을 것이다.

중국에서는 한 달 후에야 합격자를 발표한다. 채점한 시험 답안지도 그 끝에 반드시 누가 평가했는지를 써서 응시자에게 돌려준다. 그래서 모든 사람들이 당락의 이유를 확실히 알게 한다.

시험관이 훌륭하다고 인정되면 바꾸지 않고 계속해서 임명한다. 또 편수관이나 한림 학사 중에서 명망이 있는 자를 엄선하여 각 지방에 시험관으로 파견한다. 그리고 그들이 뽑은 합격자가 과연 자질이 있는지를 살핀다. 시험관의 영예와 치욕이 그 결과에 달린 것이다. 따라서 재능이 없는 자는 감히 시험 볼 엄두를 못 내며, 명망을 좋아하는 자들도 꺼리게 된다.

중국의 과거 시험장은 실내에 마련되어 있어 안에서 잠글 수 있다. 그래서 장옥場屋 혹은 쇄원鎖院*이라고 부른다. 부정 행위를 방지하고 비바람도 피할 수 있게 한 것이다. 한 번은 과거 시험장을 그린 그림을 보았는데 울타리가 매우 치밀하고 견고했다. 수험생에게 방과 뜰이 각각 하나씩 배당되었다. 또한 붓·벼루·음식·요강 등이 모두 그 안에 준비되어 있었다. 병졸 두 사람이 있어, 하나는 시중을 들고 나머지는 문을 지킨다.

이와 같으니, 현재의 방식으로 뽑더라도 시험 장소도 500칸 집이면 될 것이고, 중국의 제도로 뽑으면 3년 후에는 200칸 집이면 충분할 것이다. 또한 옛날처럼 덕행德行*과 육예六藝*를 기준으로 인재를 뽑아야 한다. 그래서 100명의 인재를 얻는다면 나라를 다스리고도 남음이 있을 것이다. 과거 시험장을 집으로 만드는 것이 왜 그리 어렵겠는가?

어떤 사람은, "지금 나라 안에 널려 있는 수많은 유생들을 누가 일일이 가려낼 수 있겠는가?" 한다. 그러나 그리 어려운 일이 아니다. 능력에 따른 합격 여부를 확실히 한다면, 사람들이 얻는 것 없이 왜 애만 쓰려고 하겠는가? 스스로 과거에 응시하지 않을 것이다. 아울러 시험장에 울타리를 쳐서 잠그고, 남의 글을 베껴 쓰거나 무작정 과거에 응시하는 것을 엄중히 막아야 한다. 그러면 합격할 자신이 없는 자는 응시하지 않을 것이다.

또한 모든 유생들의 능력 여부를 문서에 기록하고, 이를 외부 여론과 함께 참고 자료로 삼는다. 이렇게 하고도 적절치 못한 사람이 합격하는 일은 없을 것이다. 그러나 이렇게 한다 해도 단지 과거 시험만으로 세상의 능력 있는 선비들을 모두 얻을 수는 없을 것이다.

과거 제도에 대하여 2 [과거론科擧論]

의식적으로 선善을 행했다면 그 선은 억지로 행한 것임에 틀림이 없다. 별다른 의식을 하지 않고 행한 선이야말로 진정한 선이라 할 수 있다. 그러므로 참다운 인재를 구하려면 시험을 갑자기 실시해야 한다. 아울러 다른 사람들로부터 따돌림을 당하는 사람들 중에서 발탁해야 한다. 그런 후에야 나라에서 그의 재능을 마음껏 사용할 수 있다.

여러 사람들로부터 따돌림을 당하는 사람은 스스로를 세속의 무리들과 구분짓는다. 재능이 조금이라도 있는 사람은 시험을 갑자기 실시해도 시속의 글 정도는 한 달이면 충분히 공부할 수 있다. 그런 까닭에 제도만 잘 운영해도, 평범한 선비는 제도적으로 차단시키고 우수한 선비는 제도를 뛰어넘어 우대할 수 있다.

지금 국가에서는 시속의 글 솜씨로 인재를 뽑고 있다. 각종 이권과 녹봉이 이것에 달렸고, 성공과 명예가 이것으로부터 나온다. 이 세상에 태어나 이 길이 아니면 더불어 할 일이 없다고 생각한다. 그러나 뜻있는 학자들은 오히려 훨

휠 나는 기상으로 그들 속에 끼지 않으며, 비루하게 여겨서 말도 하지 않는다. 왜 그럴까? 이들의 마음속에는 이미 그것은 따라야 할 옛 글이 아니며 옛 도道가 아니다. 자신이 좋아하는 것은 지금의 시속과는 맞지가 않고 그 동안 배워 온 것으로는 처신하는 데도 도움이 되지 않는다. 차라리 궁핍하게 사는 것을 달게 여길지언정 차마 자신의 참다운 학문과 저 시속의 것을 바꾸지 못하는 것이다.

지금 조정에서는 문벌로 사람을 임용한다. 문벌이 없는 자는 날 때부터 천한 것이다. 그러나 동굴에 사는 하찮은 무리나 시골의 평범한 사람들도 오히려 자신을 수양하여 행실을 깨끗이 한다. 사람 깨우치는 일도 게을리하지 않는다. 제약이 두려워 할 일을 그만두거나 무엇인가를 바라고 남에게 어떤 일을 권하지 않는다. 이것은 모두 일부러 그렇게 하려고 해서 하는 것이 아니다. 따라서 그러한 선함이 진정한 선善이라고 할 수 있다.

지금 갑자기 시험장에 모인 선비들에게 "옛 문체에 맞는 시詩와 부賦를 지을 수 있는 자는 남고 그렇지 못한 자는 나가라. 또한 함부로 응시한 자에게는 죄를 준다."고 하면, 시험장에서 나가는 자가 필시 절반을 넘을 것이다. 또 "한漢나라의 소금 · 철鐵 · 치수治水에 관한 정책을 논할 수 있는 자는 남고 그렇지 못한 자는 나가라. 함부로 응시한 자에게는 죄를 준다."고 하면, 역시 열 명 중 여덟 아홉 명은 나갈 것이다.

이런 식으로 몇 번만 계속하면 시험장의 문 앞을 가득

메우던 선비들이 사라질 것이다. 더불어 가의賈誼˙·육지陸
贄˙·소식蘇軾 같은 사람들이 비로소 나타나게 될 것이다. 그
래서 진정한 인재를 구하고자 한다면 과거 시험을 갑자기
실시해야 한다고 말한 것이다.

또한 전국에 다음과 같이 알린다. "문벌은 좋지 않아도
재능과 덕이 뛰어나거나 한 가지 기예技藝라도 있다면 반드
시 추천하라. 그런 인재를 추천하는 자에게는 상을 줄 것이
고 은폐하는 자에게는 벌을 내릴 것이다." 그러면 시골에서
홀로 선을 행하고 있는 선비나 하층민 중 뛰어난 인재들이
모두 조정에 들어올 수 있게 될 것이다.

『서경書經』에 "뛰어난 사람을 현명하게 등용하면 미천한
사람 중에서도 인재가 나타난다."고 하였으며, "탕湯 임금은
현명한 사람을 등용하는 데 있어 그 출신지를 묻지 않았다."
고 했다. 위에서 말한 것도 이와 같은 것이다. 그래서 여러
사람에게 따돌림을 당하는 사람 중에서 발탁해야 그 재능을
마음껏 사용할 수 있다고 한 것이다.

지금 시급히 추진해야 할 일에 대해 말할 때, 모두들 "과
거 제도의 폐단이 가장 심하다."고 한다. 그러나 이는 그 근
원은 살피지 않고 끝 가지만 보는 것이다. 『경서經書』에 "바
른 사람이 있으면 정치도 바로 서고, 그들이 사라지면 정치
도 무너진다."고 하였다.

물론 현재의 과거 제도에서 폐단이 되는 것은 모두 제거
해야 한다. 부정한 방법으로 등용되는 것을 철저히 막고 선

발 기준도 까다롭게 해야 한다.

그러나 그런 기준에 합격한 사람이라고 해서 과연 문벌 때문에 임용이 좌절되거나, 상벌이나 진퇴進退에 있어 불이 익을 당하지는 않을까? 이 가운데 한 가지만 당해도 차라리 다행이라고 할 수 있다. 따라서 과거를 통해 사람을 쓴다고 하지만 결과는 과거와는 관계가 없고, 글 솜씨로 재능을 본다고 하지만 그 또한 글 솜씨와는 관계가 없다.

선발 과정에서는 부정 방지를 위해 답안지를 풀로 봉하고 시험관이 교대로 서명을 한다. 그런데 합격자 선정의 마지막 단계에서는 그것도 소용없다. 왜 그럴까? 옛날에는 생원·진사과에 장원급제하는 것을 중요하게 생각했다. 그 단계를 거쳐야 이른바 청현직淸顯職*에 오르기 때문이다. 그런데 마지막 단계에서는 봉한 답안지를 찢어 본다. 문벌이 좋은 사람을 뽑기 위해서이다. 이런 과정을 거치지 않고 합격되더라도 결국은 문벌과 붕당으로 인해 승진이 막힌다. 그래서 차라리 법을 어기더라도 사사로운 정을 펴는 것이다. 사정이 이와 같다면 답안지를 풀로 봉하는 것이 과거에 무슨 도움이 되겠는가?

따라서 현재의 이런 시류에 맞춰서 과거 제도를 개혁하려면, 과거를 문벌과 당파에 따라 각각 몇 등급으로 나누어 실시해야 한다. 그런 후에야 비로소 과거 제도에 대해 말할 수 있을 것이다. 그렇지 않다면, 방법은 과거 제도를 모두 없애버리고 누구든 쓸 만한 사람이라면 어떤 형식도 없이 등용하는 길뿐이다. 어째서 합격한 후에도 문벌과 붕당을 이유로 갈 길을 막으며, 꺼릴 것이 없는 사람을 과거도 보기 전에 막아 버리는가?

선비를 시험하는 정책

정유년(1777) 증광시에서 무술년(1778, 정조2) 가을, 박제가 씀

선비를 시험한다는 것은 어떤 선비를 시험한다는 것인가?

선비에는 덕행을 닦은 선비와 문학을 공부한 선비, 그리고 기예를 익힌 선비가 있다. 선비의 의관을 갖추고, 자신 있게 책을 옆에 낀 사람에게 이 두어 가지 재능을 모두 시험하는 것인가 혹은 한 가지만을 시험하는 것인가?

덕행과 문학이 뛰어나고 기예도 겸비한 선비는 천 리를 가야 혹은 백 년이 지나서야 나타나곤 한다. 옛날에 선비라고 부르던 사람은 이처럼 만나기가 어려웠다. 그런데 지금은 선비의 의관을 갖춘 자가 뜰에 가득하고 온 나라에 널려 있다. 도대체 선비가 아닌 자가 없다. 그들을 시험하기 위한 모든 방법을 다 동원해서 그런 것인가? 그들의 재능이 과연 시험을 치를 수 있을 만큼 모두 적합하기 때문에 그런 것인가?

옛날에는 비록 선비의 수가 적었으나 그 명성이 후세에까지 전해 왔다. 그러나 지금은 그 수는 많으나 명성 있는 선비는 드물다.

한나라의 선비는 경학經學*에 뛰어났고, 당나라의 선비는 시詩와 부賦를 잘 지었다. 두 나라 선비의 재주가 달라서 그

런 것이 아니라 시험치는 방법이 달랐기 때문이다.

그러므로 오늘날 선비를 시험한다는 것이 무엇인지 대강은 알 수 있다. 문체라는 껍질만으로 그 안에 숨겨진 포부를 짐작하려 하고, 천박하고 진부한 말로 예전의 훌륭한 문장을 더럽히고 있다. 또한 한순간의 잘잘못으로 평생의 진퇴를 결정지으려 한다. 선비들은 명예나 이권이 달린 시험이라고 하면 그것을 차지하려고 서로 앞을 다투어 달려 나간다. 높은 벼슬과 출세가 보장된다고 하면 물이나 불 속에서 시험을 본다고 하여도 대부분 그 속에 뛰어들 것이다.

지금의 선비들이 지닌 뜻이 옛 사람만 못해서 그런 것이 아니다. 단지 풍습 때문에 그렇게 된 것이리라. 그런 까닭에, 과거라는 시험의 명칭은 같으나 그 효과는 같지 않으며, 시험의 목적은 같으나 그 결과 또한 각각 다르다. 그래서 옛날부터 지금까지 선비를 시험하는 방법이 몇 차례나 변했는지 모른다.

「요전堯典」*에서는 "쓸 만한 사람인가를 시험한 다음에 쓴다."고 했고, 『논어論語』에는 "네 과목으로 뽑는다."는 말이 있다.

삼대三代 시절에는 인격이 뛰어난 사람을 뽑았고, 전국戰國 시대에는 외국인이라도 재능이 있으면 장관에 임명하였다. 서한西漢*에서는 효행이 바르고 청렴한 사람을 등용하였다. 동한東漢*의 관리와 위진魏晉*의 구품중정九品中正*도 다 마찬가지였다.

그 후, 사詞와 부賦는 수·당 시대에서 비롯되었고, 팔고

요전 『서경書經』의 편명.

서한 · 동한(B.C. 202~A.D. 220) 한漢은 왕망王莽이 세운 신新 (8~22)에 의하여 왕조가 잠시 중단된 적이 있다. 그 이전에 장안長安을 수도로 하였던 한을 전한 또는 서한이라 하고, 낙양洛陽에 재건된 한을 후한 또는 동한이라고 한다.

위진 위-삼국 시대 조조曹操가 세운 나라(225~265). 진-사마염司馬炎이 위를 멸하고 세운 나라. 진은 서진-(265~316)과 동진-(317~419)으로 구분된다.

구품중정 위나라 때 처음 실시한 관리등용법으로 원래는 구품관인법. 남조南朝의 송宋나라 이후에는 구품중정제九品中正制라고도 하였다. 수隨나라 문제文帝 때 폐지된 후 과거 제도가 채택되었다. 그러나 관등을 9품으로 나누는 제도는 청나라 말기까지 실행되었다.

체八股體는 왕안석에서 시작하여 송·원·명·청 시대에까지 이르렀다. 이는 모두 선비를 시험하여 그 재능을 뽑은 것이었다. 그 동안에 각각에 대한 평가는 비록 다를 수 있었지만 그 시대로 보아서는 적절하게 시행했던 것이다.

또한 지난 역사를 살펴보면, 이른바 덕행과 문장에 뛰어나고 기예도 겸한 선비가 가끔은 과거를 통해서 배출되었다. 그래서 오늘날 사람들이 과거란 사람된 도리로 마땅히 참여해야 할 일로 여기게 된 것이다. 하지만 그들은 현재의 시험 방식이 옛날과 다르다는 것을 모르고 있다.

각 가정에서 가르치고 배운다는 것이 모두 여기저기에서 주워 모은 진부한 말들이다. 출셋길에 들어설 때부터 이런 것을 배웠다고 자랑하며 스스로를 내세운다. 이로부터 선비를 시험하는 방법이 점차 무너지게 된 것이다. 그러니 지금 해결해야 할 가장 시급한 일이 무엇인지 아는 자라면, 이러한 과거 제도를 개혁함에 있어 그 시기를 놓칠 수 없는 것이다.

나는 오래 전부터 과거와 현재의 제도를 참작하여 이에 관한 글을 쓰고 싶었다. 그래서 이 시대의 군자들 앞에서 한 번 검증받고 싶었던 것이다. 그런데 이제 송구스럽게도 시험을 통해서 대답하게 되어 다행으로 여겼다. 그래서 "폐단을 없애려면……" 하면서 나의 소견을 구구하게 적어낸 것이다.

시험을 주관한 이명식李命植 공公이 나의 글을 크게 칭찬하고 "이 글은 시속의 문체로 적어 내야 하는 시험 기준으로 평가할 것이 아니다."라며 첫째로 뽑았다. 그런데 나는 답안지 말미에 국가의 여러 폐단을 제거하는 방법을 적었었는데, 다른 시험관이 그 문장 구성이 격식에 어긋난다 하여 실격시키려 하였다. 그때 이명식 공이 그럴 수는 없다고 하여 마침내 순위가 3등으로 내려져 버렸다.

나는 그때까지 과거 시험의 형식에 맞는 책문策文은 한 번도 익혀 보지 않았다. 그런데 시험장에서 우연히 옆 사람이 적는 것을 보았는데 그리 어려울 것 같지 않았다. 글의 첫머리를 적어 놓고, 나머지 책문 작성의 격식은 친구인 이희명의 도움을 받았다. 내가 글을 작성하면서 "용 머리에 뱀 꼬리가 되는 건 아닐까?" 하니, 이희명이 웃으면서 "자네 글에는 원래부터 꼬리가 없었네. 누가 감히 꼬리를 가려내겠나." 하였다.

그때 날이 저물고 바람이 불어서 황급히 적어 내었다. 그때는 단지 시험이 끝나서 후련했을 뿐, 처음부터 합격 여부를 마음에 두지는 않았다. 글이 만족스럽지 못하여 남에게 보이고 싶지도 않았다. 그런데 우연히 높게 뽑혀서 마침내 남의 비웃음을 받게 되었다. 지금까지도 이를 부끄럽게 생각한다.

북학에 대한 변론 1

어리석은 사람은 중국에도 오곡五穀이 있느냐고 묻는다. 보통 사람은 중국 문장이 우리 것보다 못하다고 한다. 학문이 깊은 사람도 중국에는 성리학이 없다고 말한다. 이들의 말이 정말 맞는다면 중국은 별 볼일 없는 나라가 된다. 또한 내 말과는 달리 중국에는 배울 만한 것이 거의 없다고 해야 할 것이다.

그러나 중국은 세상에서 가장 큰 나라다. 배울 것이 왜 없겠는가? 내가 가 본 곳은 단지 유주幽州*와 연주燕州*의 일부 지역일 뿐이다. 내가 만난 선비도 문학을 공부한 몇 사람에 지나지 않는다. 도학道學을 물려받은 대유학자는 사실 보지 못하였다. 하지만 그런 선비가 전혀 없다고는 감히 말할 수 없다. 내가 그곳에서 중국의 서적을 다 읽은 것도 아니고, 중국의 전 지역을 두루 돌아본 것도 아니기 때문이다.

요즘 사람들은 중국의 육농기陸隴其*·이광지李光地의 성명학姓名學*과 고정림顧亭林의 존주론尊周論, 주죽타朱竹陀의 폭넓은 식견과 왕어양王漁洋·위숙자魏叔子의 시문詩文에 대해서는 알지 못한다. 그러면서 "중국의 학문과 문장에는 볼 만한 것이 없다."고 단언한다. 아울러 온 세상이 인정하는 것조차 믿지 않는다. 나는 요즘 사람들이 무엇을 믿고서 그러는지 모르겠다.

대체로 책에 기록된 것은 그 범위가 매우 넓고, 의미 또한 무궁하다. 따라서 중국 서적을 읽지 않는 자는 자신의 식견에 스스로 한계를 긋는 것이다. 또한 중국을 모두 오랑캐라고 하는 것은 결국 남을 속이는 것이다. 중국에 육상산陸象

山°과 왕양명王陽明° 같은 이단의 학설이 있는 것은 사실이다. 그러나 정통 주자학朱子學도 엄연히 존재하고 있다.

우리 나라에서는 모든 사람들이 정이程頤°와 주희朱熹의 학설을 말할 뿐이다. 이단적인 학설은 존재하지 않는 것이다. 그러므로 사대부들은 감히 강서江西와 여요餘姚°의 학설을 논하지 못한다. 과연 그 도道란 것이 원래 오직 한 곳으로부터만 나와서 그런 것일까? 아니다. 모든 선비들이 과거 시험에 매달리고, 글 공부도 시류의 풍속에 맞추어야 하기 때문이다. 그렇게 하지 않으면 자신의 몸조차 기댈 곳이 없게 되고 그 자손마저도 보전할 수 없게 되는 것이다.

이렇게 된 이유는 오히려 우리가 중국처럼 크지 않기 때문이다. 우리 나라에서 가장 뛰어나다는 기예를 다 동원해도 그것은 중국의 한 부분에 불과할 뿐이다. 그런데도 우리와 중국을 비교하려 한다면, 이는 자신을 알지 못해도 한참을 알지 못하는 것이다.

내가 북경에서 돌아왔을 때, 많은 사람들이 찾아와서 중국의 풍속에 대해 듣고 싶어했다. 나는 일어서서 말했다. "당신들은 중국 비단을 보지도 못했는가? 꽃과 새, 그리고 용 등의 무늬가 살아 있는 듯 선명하다. 자세히 보면 얌전한 듯, 슬퍼하는 듯, 그 모습이 약간씩 다르다. 그것을 본 사람들은 모두 중국의 직조 기술이 이 정도에 이른 줄은 생각지도 못했다고 말한다. 그러니 가로와 세로로 엮기만 한 우리 나라의 면포와 비교하면 어떻겠는가.

중국의 물건이 모두 그렇다. 말과 글이 일치하며 집은 금색으로 채색되었다. 수레를 타고 다니며 어느 곳이든 향기로운 냄새가 난다. 도읍과 성곽, 악기의 화려한 음색, 무지개 모양의 다리와 푸른 숲, 사람들이 활기차게 거니는 풍경 등은 완연히 한 폭의 그림과도 같다.

부녀자들은 옛날처럼 위로 말아 올린 머리에 긴 저고리를 입고 다닌다. 그 모습은 멀리서 바라봐도 아름답다. 우리나라의 부녀자들이 몽고식 옷인 짧은 저고리에 폭이 넓은 치마를 입고 다니는 것과는 다르다.”

그들은 모두 황당해 하며 내 말을 믿지 않았다. 그러고는 실망한 채 돌아갔다. 아마 내가 너무 오랑캐를 편든다고 생각한 것 같다.

아아, 이들은 모두 앞으로 이 나라의 학문을 발전시키고 백성을 다스릴 사람들이 아닌가. 그런데 이렇게 답답하니, 오늘날 우리 나라의 풍속이 발전하지 못하는 것도 당연하다. 주자朱子는 “의리를 아는 사람이 많아지기를 원할 뿐이다.” 하였다. 나도 이 글을 통해 북학에 대해 변론하지 않을 수 없다.

북학에 대한 변론 2

신축년(1781, 정조5) 겨울에 위항도인葦杭道人이
겸사兼司에서 숙직하면서 씀

현재 우리는 세속에 찌든 껍질에 싸여 있다. 마치 아교로 붙

이고 옻칠을 한 것 같이 단단해서 뚫기가 쉽지 않다. 학문은 속된 학문의 껍질에 싸여 있고, 문장도 속된 문장의 껍질에 싸여 있다. 다른 것은 둘째치고, 사람들은 이런 식으로 말한다. "중국은 산과 하천이 험하고 깊어서 수레를 사용할 수 없다", "산해관山海關에 걸린 현판은 이사李斯*가 쓴 것인데 10리 밖에서도 보인다", "서양인은 초상화 속의 눈동자를 그릴 때, 살아 있는 사람의 눈에서 검은 액을 뽑아다 찍는다. 그래서 눈동자가 마치 살아 있는 것처럼 움직인다" 등이다. 또는 "오랑캐들은 머리를 길게 땋는 변발을 하는데, 옛날처럼 부모의 존재 여부에 따라 한 가닥 혹은 두 가닥으로 땋는다"거나, "황제의 성姓에는 점을 찍지 않는다", "책은 흙으로 만든 판板으로 인쇄한다" 등이다. 이런 종류의 엉터리 말들은 일일이 예를 들 수 없을 지경이다.

나와 친한 사람들도 내 말보다는 저런 말을 믿는다. 나에 대해 잘 알고, 평소 나를 떠받들던 사람도 마찬가지다. 그들은 근거도 없는 뜬소문을 풍문으로 전해 듣고는 나에 대해 평생 동안 믿어 왔던 것을 크게 의심한다. 결국은 나를 비방하는 말을 믿는 것이다.

나는 그들이 내 말보다는 저런 엉터리 말을 믿는 이유를 알 수 있다. 우리 나라 사람들은 오랑캐 호胡라는 한 글자로 중국을 모두 싸잡아 뭉개 버리려 한다. 그런데 내가 "중국의 풍속이 이처럼 발전했다."고 하니, 그들이 정작 듣고 싶었던 것과는 크게 다르기 때문이다.

이는 충분히 증명할 수 있는 사실이다. 시험삼아 사람들에게 "중국의 학계에도 퇴계退溪 같은 사람이 있고, 최립崔岦 같은 문장가가 있으며, 한호韓濩보다 나은 명필가도 있다." 고 하면, 그때마다 그들은 낯빛이 변하면서 발끈한다. 그러고는 곧바로 "어찌 그럴 리가 있겠는가?" 한다. 심한 경우는 그 말을 한 사람에게 죄를 주려고도 한다.

그런데 반대로, "만주 사람이 말을 하면 개 짖는 소리 같고, 음식은 냄새가 고약하여 가까이 할 수 없다. 뱀을 시루에 쪄서 씹어 먹고, 황제의 누이동생은 역졸과 몰래 간통하여 가끔 가남풍賈南風이 저질렀던 일이 발생하기도 한다." 고 말하면, 그들은 크게 기뻐하며 그 말을 다른 이에게 전해 주느라 분주할 것이다.

나는 예전에 사람들이 중국을 분명히 알도록 하기 위해 힘주어 말한 적이 있었다. "내가 직접 눈으로 보고 왔는데 중국에는 그런 일이 없다." 그러나 그들은 끝내 미심쩍어하면서 "어떤 통역관[譯官]은 이렇게 말하던데……" 한다. 내가 "그대는 그 역관과 나 가운데 누구와의 친분이 더 깊은가?" 하면 "깊게 사귀지는 않았지만 그 사람은 허튼 말을 할 사람은 아니다."고 한다. "그러면 내가 허튼 말을 한 셈이군. 어진 자가 보면 '어질다' 하고, 지혜 있는 자가 보면 '지혜 있다' 하는 말이 정말이구나." 하였다.

내가 이 일로 몇 사람과 함께 언쟁을 했더니 나를 비방하는 사람이 제법 있었다. 그래서 이 일을 적어서 스스로를 경계하고자 한다.

시詩에 있어서 우리 나라는 송·원·명·청의 시를 공부한 자가 가장 괜찮다. 당나라 시를 공부한 자는 그 다음이고, 두보杜甫의 시를 공부한 자가 가장 못하다. 공부한 시대가 멀면 멀수록 그 실력은 더욱 형편없다. 왜 그럴까?

두보의 시를 공부한 자는 오직 두보밖에 모른다. 다른 시는 거들떠보지도 않고 미리 업신여긴다. 그래서 시를 짓는 방법이 매우 보잘 것 없다. 당나라 시를 공부한 자도 그 폐단은 마찬가지다. 그래도 조금 나은 것은 그의 마음속에는 두보 외에도 왕발王勃·맹호연孟浩然·위응물韋應物·유종원柳宗元 등 수십 명의 이름을 간직하고 있기 때문이다. 그래서 나아지려고 하지 않아도 저절로 실력이 좋아진다. 그리고 송·금·원·명의 시를 공부한 자는 학식에 있어서도 이들보다는 앞서 있다. 그러니 모든 서적을 섭렵해서 인격의 진면목이 저절로 드러나는 사람들이야 어떠하겠는가?

이를 통해 본다면 훌륭한 글이란 마음의 지혜를 열고 이목을 넓히는 데에 있는 것이지 어느 시대의 문장을 공부했느냐에 달린 것이 아니다.

글씨도 마찬가지다. 진晉나라 사람의 필체를 배운 자가 가장 못하고, 당·송 이후의 필체를 배운 자가 조금 나으며, 현재 중국의 필체를 익힌 자가 가장 낫다.

그렇다고 어떻게 진나라나 당·송의 글씨가 현재의 중국 글씨보다 못하다고 할 수 있겠는가? 시대가 거듭될수록 글자를 흉내내어 새기는 과정에서 원래의 필체를 잘못 전할 수 있다. 더구나 다른 나라에서는 원래의 필체가 정확히 쓰여지기 어렵다. 그래서 지금의 중국인 글씨가 가장 믿을 수 있고 쉽게 가까이 할 수 있는 것이다. 오히려 예전의 필법도 지금 중국의 필법 속에서 구할 수 있다.

탑본搨本*의 진위, 육서六書*에 따른 금석문金石文*의 형성, 그리고 자연스럽게 변하는 필체의 특징 등을 알지도 못하면서, 어리석게도 스스로를 진晉나라 사람이나 두 왕씨(왕발과 왕희지를 이르는 것으로 추정됨)의 글씨체라고 한다. 그러나 이것은 이 세상의 모든 시를 무시하고, 단지 두보가 쓴 몇 십 편의 글귀에만 매달려 스스로를 편협하게 만드는 것과 같다.

군자君子는 시대에 대한 올바른 인식을 중요하게 여긴다. 내가 중국에 살고 있다면 이런 논의는 하지 않을 것이다. 하지만 우리 나라에서는 그렇게 하지 않을 수 없다. 말을 바꾸는 것이 아니라 상황이 그렇게 만드는 것이다.

어떤 사람은 "두보의 시와 진나라의 필체는 사람에 비유하면 성인에 해당한다. 성인을 버리고 성인보다 못한 자에게 배운다는 말인가?" 한다. 그러나 사람의 행실과 기예는 구분해야 한다. 어떤 한 지역을 정하여 담을 두른 후, "여기는 공자께서 살던 곳이다." 하며, 평생 동안 눈을 감은 채 그 곳에서 나가지 않는다면, 결국은 그에 따른 폐단만 보게 될 것이다.

옛날이나 지금이나 문장의 질은 시대의 흥망에 따라 결정되며, 풍속과 인물을 보면 그 시대의 성격이나 잘잘못을 알 수 있다. 이는 치밀한 사람이라면 스스로 알 수 있을 것이다. 그래서 사람들에게 일일이 설명해 주기란 어려운 것이다.

관직에 대하여

관직에 깨끗한 관직[淸職]과 더러운 관직이 있는 것은 국가
가 의도했던 것이 아니다. 이는 문벌이 형성된 후에 생긴
것이다.

어떤 사람이 얼굴은 예쁜장하나 소변 누기를 꺼려한다고
하자. 그 사람은 사흘만 소변을 누지 않아도 죽게 된다. 한
몸 속에 들어 있는 것은 모두 내 것이듯, 한 나라 안에 있는
것은 모두 내가 이용할 수 있는 것이다.

옛날에 고요皐陶*는 감옥을 맡는 간수가 되었지만, 자신
의 신분이 낮아졌다고 여기지 않았다. 비자非子*도 병수汧水
와 위수渭水 근처에서 말을 돌보는 목장의 감독이 되었지만,
자신이 더욱 천해졌다고 생각하지 않았다. 그들은 모두 백
성들의 삶에 많은 도움을 주었고, 국가를 위해서 모든 힘을
다했을 뿐이다.

우리는 똑같은 현령의 관직이라도 어느 고을은 이 사람
이 맡을 자리이고, 어느 고을은 저 사람이 맡을 자리라고 한
다. 이것은 그 관직이 깨끗하거나 더러워서가 아니라, 그 고
을 수입이 많은가 적은가를 따지기 때문이다. 똑같은 관각館
閣*이라도 사람에 따라 그 지위가 더 높아지거나 더 낮아진
다고 말한다. 이것도 그 관직이 깨끗하거나 더러워서가 아
니라 그 사람의 문벌이 높은가 낮은가에 달려 있는 것이다.

원래 관직에는 깨끗하거나 더러운 구분이 없다. 더구나
예전에 깨끗하다던 관직이 지금은 그렇지 않고, 더럽다던

고요 순舜의 신하. 법률에 밝
아 형벌을 제정하였다고 한다.

비자 주周나라 사람. 영진嬴秦
이라고도 부름.

관각 홍문관과 예문관. 임금
의 명령이나 외교 문서 등을
작성하는 업무[文翰]를 담당한
관청. 이 곳의 관직을 맡는 것
을 큰 영광으로 알았다.

것이 지금은 깨끗하다고 한다. 따라서 이른바 깨끗하다거나 더럽다고 하는 것은 사실 믿을 수 없는 것이다.

만약 관직에 그런 구분이 있다면, 깨끗한 관직은 서로 차지하려고 다툴 것이고 더러운 관직은 서로 피할 것이다. 다투면 서로 간에 사이가 벌어지고 피하면 업무가 마비된다. 또한 아래로는 당파가 성립되고 위로는 권위가 서지 않는다. 임금은 또 무슨 즐거움이 있다고 그런 구분을 만들었겠는가? 그런 까닭에 그것은 국가의 본의가 아니라고 말한 것이다.

봉급 제도

원현천元玄川*이 일본에 갔을 때의 일이다. 한 일본인이 우리나라 『경국대전經國大典』*의 봉사奉事 녹조祿條* 항목 판각본을 갖고 와서 이렇게 물었다. "당신네 나라는 관리의 봉급

경국대전

조선 시대의 기본법전. 세조 때부터 편찬 작업을 시작하여 30여 년이 지난 성종16년(1485)에 완성되었다. 『대전통편大典通編(정조9, 1785년)』·『대전회통大典會通(고종2, 1865년)』과 함께 조선의 3대 법전으로 불린다. 경국대전은 정부 조직인 육조체제에 따라 6전典으로 구성되었으며, 각기 14~61개의 항목으로 이루어졌다. 「이전吏典」은 궁중을 비롯하여 중앙과 지방의 직제 및 관리의 임면, 「호전戶典」은 재정을 비롯하여 호적·조세·녹봉·통화와 상거래 등, 「예전禮典」은 과거 제도와 관리의 의장·외교·의례·공문서 등, 「병전兵典」은 군제와 군사, 「형전刑典」은 형벌·재판·노비·상속 등, 「공전工典」은 도로·교량·도량형·산업 등에 대한 규정을 실었다. 이 법전의 반포는 중앙집권적 관료제를 밑받침하는 통치규범이 확립되었음을 의미한다.

[祿俸]*이 왜 이렇게 적습니까?" 그때 원현천이 장흥고長興庫*
봉사奉事로 근무하고 있었기 때문이다. 그가 보았더니 그것
은 임진왜란 이전의 봉급 제도로서, 오히려 지금 봉급의 두
배가 넘는 것이었다. 그는 갑자기 대답할 수가 없어서 "이것
이 전부가 아니다."라고 속였다. 그러나 마음속으로는 몹시
부끄러웠다고 한다.

벼슬에는 반드시 봉급이 따르고 그 봉급은 농사로 얻는
수입과 같아야 한다. 그래야만 국가가 관리에게 자신의 임
무에 충실했는지에 대해 책임을 물을 수 있는 것이다. 만약
어떤 사람이 자기 집 종을 굶겨 가면서 날마다 부려먹기만
한다면, 주인의 재물을 도둑질하지 않을 종은 거의 없을 것
이다. 관리들도 봉급이 적기 때문에 벼슬이 높든 낮든 간에
모두 권세를 휘둘러 먹고산다. 그리고 그 관직을 다른 사람
에게 팔기도 한다.

지위가 낮은 관리도 권세가 있으면 부자가 된다. 이는 뇌
물을 받았기 때문이다. 지위가 높은 관리도 권세가 없으면
단지 정해진 봉급만을 바랄 뿐이다. 그러나 이것으로는 애
초부터 가족을 부양하기에도 부족하다.

지방 관리는 정해진 봉급이 없다. 그런데 현령縣令*이나
현감縣監 중에는 관직이 더 높은 주州의 목사牧使보다 그 수입
이 열 배 이상 많은 자가 있다. 어떻게 이것이 옳은 이치이
겠는가? 더구나 중앙 각 부처의 관리들은 봉급만 믿고는 생
활할 수가 없다. 그리하여 사대부들이 지방관의 자리[外職]를
더 좋아하고 중앙 관직[內職]은 경시하게 되었다.

　지방관 자리를 얻으면 반드시 자손 여러 대가 먹고 살 수 있는 경제적 기틀을 마련한 다음에야 그만두려고 한다. 이렇듯 관직을 이용해 사욕을 채우려는 풍습이 나날이 심해지고 있다. 그러므로 백성들의 생활이 나날이 어려워지는 것은 필연적인 일이다.

　중국은 그렇지 않다. 비록 말단인 구품직九品職도 안 되는 관리라 해도, 그 봉급은 우리 나라의 대신大臣들이 받는 것보다 많다. 그리고 지방관에게는 별도의 수당[養廉]이 있어서, 새로 부임하거나 물러날 때 사용할 자금이 조금이나마 생긴다. 이렇게 한 후에, 지나치게 많은 재물을 모은 자에게는 뇌물죄[贓律]를 적용한다. 이것이 지극히 정당하고 공정한 방법이다.

나라의 재물

「진북학의」 편에 있다.

중국과의 무역

「진북학의」 편에 있다.

군대에 대하여

군대는 사람들의 일상생활과 연계해서 준비해야 한다. 그래
야 국방비가 크게 들지 않는다.

예를 들어, 수레는 무기가 아니다. 그러나 수레를 사용하
면 군대의 짐을 옮길 수 있다. 벽돌도 무기가 아니다. 그러
나 벽돌을 사용해 집을 지으면 모든 집이 그대로 성곽이 된
다. 장인의 기술과 목축도 무기는 아니다. 하지만 3군*에서
이용하는 말과 전쟁 도구도 쓰기에 편리하지 않고 제대로
갖추지 않으면 무기가 될 수 없다.

따라서 문 위의 누각과 망루, 방패와 창, 그리고 앉았다
일어서며 치고 찌르는 등의 훈련은 군대 일의 말단 부분이
다. 오히려 전국에서 재능 있는 선비를 뽑거나 이용하기 편
리한 기구를 만드는 것이 군대의 근본이다.

우리 나라 사람들은 빈말은 잘해도 실속이 없다. 눈앞의
계획은 열심히 짜지만 큰 틀을 세우는 일엔 어둡다. 비록 각
현에서는 열심히 장정을 점검하고, 각 주에서도 병졸들을
훈련시키느라 애쓰고 있지만 실제는 나라의 화약만 매일 허
비할 뿐이다.

큰 나라를 섬기고 이웃 나라와 교류한다는 사대교린의
사절단이 줄지어 떠났었다. 그러나 그들은 돌아와서, 다른
나라의 법은 배울 것이 하나도 없다고 말한다. 오히려 "왜
놈", "오랑캐 놈" 하면서 비웃는다. 그리고 다른 나라도 모
두 우리와 같을 거라고 믿는다.

그러다가 임진년(1592)에 처음으로 왜놈들에게 크게 패하고, 이어서 정축*년(1637)에 여진족에게 함락당하였다. 그 후 지금까지 아무도 그 씻을 수 없는 원한과 평성平城의 치욕*에 대해 거론하지 않는다. 그래도 조금도 이상하게 여기지 않는다.

내가 예전에 군사 훈련하는 것을 보니, 적으로 분장한 자들은 항상 허약하고 쉽게 잡혔다. 훈련을 그렇게 가볍게 하니 웃을 수밖에 없었고, 그것은 마치 어린아이가 장난하는 것 같았다.

현재 우리 나라는 군사 제도에 있어, 중앙군은 지방에서 차례로 올라오는(番上)* 병사들이 담당한다. 그들의 병기는 관청에서 지급한다. 이는 대체로 당나라의 부병제*와 비슷한 것이다.

제도가 잘못된 것은 아니다. 다만 남의 칼은 잘 드는데 우리 칼은 쉽게 무뎌지고, 남의 갑옷은 잘 뚫어지지 않는데 우리 갑옷은 쉽게 뚫어진다. 이것은 쇠를 잘못 단련했기 때문이다. 남의 옹벽은 모두 견고한데 우리의 성곽은 완전하지 못하다. 이는 벽돌을 사용하지 않았기 때문이다. 남의 활은 비를 맞아도 사용할 수 있는데 우리 활은 한번 따뜻한 온기를 잃으면 쓸 수가 없다. 이는 활을 잘못 만들었기 때문이다. 적들은 말을 몰거나 수레를 타고 다니며 기운을 비축하는데, 우리는 이미 다리 힘이 빠지고 짐이 무거워서 싸울 수가 없다.

이로 미루어 보면 다른 것도 모두 마찬가지일 것이다. 만약 전쟁과 같은 급한 변이 일어나면, 100배의 힘을 쓰더라도 소용이 없을 것이다. 이는 미리 준비하지 않은 잘못 때문이다.

군대란 정예병의 육성이 중요하며, 그 수만 늘리는 것은 소용없는 일이다. 오늘날 지방 수령들은 호적상에 나타난 징집 대상자 숫자도 제대로 파악하고 있지 못하다. 비록 안다고 해도 엄격히 조사하여 징집시키지 못한다. 왜냐하면 어떤 이는 양반 권세가의 노비로 등록되어 있거나 혹은 지방 유지의 집에 숨어 있어서 적발하기가 두렵고 꺼려지기 때문이다. 그러다 훈련 시기에 이르면 임시로 다른 사람을 대신 보충한다. 별 탈 없이 훈련이 끝나기만 기다리다가 자기 고을이 적발되지 않으면 이를 큰 다행으로 여긴다.

문서상으로는 다 갖추어졌어도 군인의 실제 숫자를 정확히 알 수 없다. 또 전쟁을 수행할 만한 병사는 전체의 10분의 2 내지 10분의 3도 안 되며, 투구와 병기를 완전히 갖춘 자는 더욱 적다. 이런 상황에서는 비록 100만 명의 군사가 있다 해도 전쟁에서 반드시 패할 것이다.

내가 본 중국의 호미는 자루가 길어서 서서 사용하는 것이었다. 그 호미 자루는 어디를 가도 규격이 똑같고 날도 매우 예리하다. 또 각 집에서 기르는 말이 열 필 이상이라 특별히 군사용으로 쓸 다른 말이 필요치 않다. 그들이 자기가 기르는 말을 타고 호미만 들고 나가도 우리의 군대는 그 즉시 바람처럼 흩어지고 말 것이다.

오늘날 가장 시급한 일은 다음과 같다. 우선 수레를 운행하고 벽돌을 만들어야 한다. 목축에 힘쓰고, 지방의 재력가를 키우며 여러 가지 공업 기술을 지도해야 한다. 그런 후에 군대의 숫자를 줄여 월급을 주면서 부역도 면제해 주어야 한다. 그러면 예전에 징집을 피해 달아났던 자들이 되돌아올 것이고, 세력가에게 의탁했던 자들도 스스로 징집을 자원할 것이다.

따라서 예전의 열 명 가운데 한 명만 선발해도 정예병 7~8만 명을 확보할 수 있다. 당장 온 세상을 넘볼 수는 없겠지만 자기 나라를 지키기에는 충분하다. 군사의 9할을 줄여도 그 힘은 지금의 100배가 된다. 결국 비용을 들이지 않고도 이익을 얻게 되는 것이다.

장례에 대하여

우리 나라는 성리학을 학문의 으뜸으로 여긴다. 불교는 있어도 도교는 없다. 그래서 학문이 발달하고 이단이 거의 없다.

그런데 사대부들 사이에는 풍수지리설*이 불교나 도교보다 더 만연하여 하나의 풍조를 이루고 있다. 그래서 좋은 곳을 찾아 무덤을 옮기는 것을 효로 알고 산소만 열심히 돌보고 있다. 서민들도 그것을 따라하고 있다. 허리에 자침磁針*을 찬 사람은 양식이 없어도 천 리를 다닐 수 있다. 전라도 일대가 더욱 심하여 열 집 가운데 아홉 집이 장사葬師*다.

이미 백골이 된 부모를 두고 자신의 길흉을 점치는 것은

그 마음이 고약하기 때문이다. 더구나 남의 선산을 빼앗거
나 남의 상여도 망가뜨린다. 이는 절대로 옳은 일이 아니다.
또한 시제時祭 보다 장례식날 무덤 앞에서 지내는 제사를 더
성대하게 치른다. 이것도 예禮가 아니다. 재산을 탕진하면서
까지 조상의 시신을 이리저리 옮겨 요행을 바라는 못된 경우
가 한둘이 아니다. 백성들의 생활이 안정되지 못하고 고소 ·
고발 사건이 자주 일어나는 것은 모두 장사의 책임이다.

　무덤을 옮길 때, 무덤 속에 바닷물의 흔적이 있다느니,
곡식 껍질이 있다느니, 관이 뒤집혔다느니, 시신이 없어졌
다느니 하여 이를 길흉화복의 전조라고 생각한다. 그러나
이런 일들은 땅 속에서는 흔히 생기는 일이며 길흉화복과
는 아무 관계가 없다. 깊은 땅속 어두운 곳에서는 떠다니는
기氣가 없어지거나 나타나기도 하며, 물질이 변하여 증발하
거나 생겨나기도 하는 것이다. 그리고 그런 일은 어느 곳에
서나 볼 수 있다.

　부귀영화를 누리는 집도 그 조상의 묘를 파 보지 않았을
뿐, 파 보면 반드시 몇 가지 걱정스러운 일이 있을 것이다.
또한 가난하고 자식이 없는 사람의 묘도 파 보면 가끔은 이
른바 상서로운 기운이 서린 채 흩어지지 않는 일도 있다. 어
떤 기록에는 "옛날에는 무덤을 고치지 않았다."고 한다.

　땅 위에 사는 사람들이 땅 속에서 일어나는 자연 현상까
지 모두 의심하고 있다. 세상에 완전한 무덤이 어디 있겠는
가? 그러나 이런 일은 효자나 착한 사람이 그 정성을 다하
려는 마음에서 비롯된 것이라고밖에 생각할 수 없다.

수장水葬·화장火葬·조장鳥葬*·현장懸葬*을 하는 나라에도 사람이 살고 있고 임금과 신하도 있다. 사람의 수명이나 출세 여부, 흥망과 빈부의 차이 등은 모두 자연스러운 하늘의 이치이며 사람의 행동에 따른 각각의 결과이다. 무덤 자리가 좋은지 나쁜지로 따질 일이 아니다.

요동과 계북薊北* 지방에서는 모두 밭에다 장사를 지낸다. 드넓은 들판에 첩첩이 늘어선 무덤들이 서로 비슷하게 생겼다. 처음부터 좌청룡, 우백호, 사격砂格*, 진혈眞穴* 등의 구분을 두지 않는다. 시험삼아 우리 나라 지사地師에게 점쳐 보라고 하면 크게 당황할 것이다. 아마 그 동안 자신이 배워 온 것을 바꾸어야 할 것이다. 이렇듯 장사에 대해서는 한 가지 잣대로만 논할 수 없는 것이다.

사주쟁이는 모든 일을 사주팔자 탓이라 하고, 관상가는 관상 탓이라 한다. 무당들은 귀신 탓으로, 장사는 장지 탓으로 돌린다. 방술方術*이란 것이 모두 이와 다를 것이 없으니 과연 누구의 말을 따라야 하는가? 이로써 좌도左道*는 믿을 수 없다는 것을 알 수 있다.

학식이 있는 정치가라면 마땅히 풍수에 관한 책들을 불사르고, 풍수하는 사람들을 금해야 한다. 또한 백성들이 인간의 길흉화복과 장례는 아무 관계도 없다는 것을 분명히 알도록 해야 한다. 그런 후에 모든 주군州郡이 각각 산 하나씩을 골라 그곳이 어느 씨족과 관계되는지를 밝히고, 중국의 북망산北邙山* 제도처럼 씨족장을 할 수 있게 해야 한다. 그 군에 적당한 곳이 없으면 주변 100리 안에 있는 이웃 읍의 산으로 정하면 된다.

또한 장례일을 가리지 말며, 관이 묻힐 땅은 회로써 굳게 다지고 비석과 지석을 갖추도록 한다. 이렇게 하면 사대부들 사이의 묘지 쟁탈전이 저절로 사라질 것이고, 부자들이 묘터를 넓게 차지하는 것도 쉽게 막을 수 있다. 단지 없앨 수 없는 것이 있다면 정씨가 걱정한 다섯 가지*뿐이다.

어떤 사람은 천문설天文說을 끌어다가 억지로 지리地理에 적용시키려 한다. 옛날에 지리에 대해 말한 것은 모두 훌륭한 경치와 지세에 대한 것이었지 인간의 길흉화복에 대한 것이 아니었다. 임금이 나라를 세운 후 도읍을 정할 때는, 세상의 정세뿐만 아니라 그곳을 둘러싼 산세가 견고한지, 수레나 배가 모이기 쉬운지를 반드시 살펴보았다. 『시경』에 "그 땅의 높고 낮음과 건조한지 습한지를 살피고, 음양을 헤아린다."라 한 것은 지형地形에 대해 말한 것이다.

풍수지리설이 아무 근거가 없다는 것은 예나 지금이나 유명한 학자들이 이미 상세히 말한 것이다. 『독례통고讀禮通考』*의 「장고葬考」 편을 읽어 보면 자세히 나와 있으니, 여기서는 또다시 말하지 않겠다.

중국에 대한 존대

「진북학의」 편에 있다.

병오년에 올리는 글

병오년(1786, 정조10) 정월 22일 조회 때

전설서典設署* 별제別提 박제가 씀

전설서 병조兵曹에 속하는 관청으로 각종 의식에 사용되는 장막을 공급하는 업무를 맡음.

비국 비변사備邊司의 다른 이름. 군국기무軍國機務를 관장한 합의 기구. 원래는 국방 문제를 논의하는 임시 기구였으나 임진왜란이 일어나 국가의 모든 행정이 전쟁 수행에 직결되자, 비변사의 기구가 강화되고 권한도 크게 확대되었다. 그 후 국방 문제뿐만 아니라 국정國政 전반을 비변사 회의에서 토의·결정하였다. 1865년(고종 2) 왕권 강화를 위한 조치로 대원군에 의해 그 기능이 의정부로 넘겨지면서 약화되다 결국 폐지되었다.

저는 이 달 17일에 비국備局*에서 통지한 것을 받아 보았습니다. 그것은 위로는 각 부 장관에서부터 아래로는 호위병이나 말단 관리들에 이르기까지 각자가 생각하는 것을 모두 숨김없이 말하라는 것이었습니다.

제가 생각하기에 우리 나라는 건국 후 400년 동안 백성들을 훌륭하게 가르치고 이끌어 왔습니다. 이는 삼대三代 시대와도 견줄 만합니다. 전하께서도 즉위하신 지 10년 동안에 온갖 제도를 밝게 정비하셨습니다. 또한 해 볼 만한 일은 전하께서 반드시 먼저 시행하였습니다. 그래서 특별히 드릴 말씀이 없었던 것이지 꺼리고 두려워서 말씀드리지 못했던 것이 아닙니다.

그러나 전하께서는 스스로를 낮추시고, 천재天災를 당하여 더욱 부지런히 힘쓰려고 하십니다. 그래서 하찮은 백성들에게까지 좋은 생각을 물으셨습니다. 이에 죽을죄를 무릅쓰고 제가 생각한 것을 한두 가지로 말씀드리려 합니다.

오늘날 국가의 가장 큰 병폐는 가난입니다. 그 가난에서 벗어날 수 있는 길은 중국과 통상하는 것뿐입니다.

당장 조정에서는 사신들을 중국에 파견하여 그곳 예부禮部에 다음과 같이 청해야 합니다. "서로 간에 남는 것과 모자란 것을 교역하는 것은 온 세상이 다 아는 상식이다. 일본, 오키나와, 월남 및 서양의 나라들도 모두 중국의 동남 해안 지방인 민閩·절浙·교交·광廣* 등의 지역과 교역하고 있다. 우리도 바닷길을 통해 중국과 교역할 수 있기를 원한다." 그러면 저들은 틀림없이 곧 허락할 것입니다.

그렇게 되면 황당선荒唐船*을 불러들여 뱃길을 안내하도록 해야 합니다. 황당선이라는 것은 모두 중국의 광녕廣寧 각화도覺化島*에 사는 백성들이 운행하는 것입니다. 평소 이들은 법을 어기고 몰래 나타나는데, 항상 4월에 와서 해삼[防風]*을 따 가지고 8월에 돌아갑니다. 어차피 이들의 행위를 막을 수는 없습니다. 따라서 그곳에 시장을 개설하고 후하게 대접하면 쉽게 그들과 연결될 수 있습니다.

또한 연해의 여러 섬에서 바다에 익숙한 백성들을 모집합니다. 그들로 하여금 관리의 인솔하에 곡식과 돈을 가지고 가서 산동 지방에서 오는 선박들을 장연長淵*에 정박하게 합니다. 그리고 금金·복復·해海·개주蓋州 지방의 물건은 선천宣川*에서 교역하고, 절강浙江·천장泉漳 지역의 물건은 은진과 여산 사이에 집결시킵니다.

그러면 영남 지방의 목면과 호남 지방의 모시, 그리고 서북 지방의 실과 삼베는 중국의 비단이나 담요와 교역할 수 있습니다. 또한 대나무 살·흰 추·여우 꼬리·곤포昆布*·복어 등은 금·은·무소의 뿔·무기·약재 등과 교역할 수 있을 것입니다.

또한 배·수레·건물 및 여러 가지 기계를 이용하는 방

구천(?~B.C. 465) 춘추 시대 말기의 월越나라 왕. 구천은 싸움터에서 오왕吳王 합려閨閭를 죽였다. 합려의 아들 부차夫差는 아버지의 원수를 갚기 위하여 섶나무 위에서 자며[臥薪] 복수심을 불태웠다. 2년 후인 B.C. 494년에 구천은 부차에게 패배하여 회계산會稽山에 사로잡혀 온갖 수모를 당하다 본국으로 돌아왔다. 그 후, 구천은 회계산의 치욕을 씻기 위하여 쓸개를 핥으면서[嘗膽] 부국강병에 힘써 결국 부차를 죽이고 오나라를 멸망시켰다. 이것이 '와신상담'의 고사이다.

흠천감 천체 관측소.

서양 사람 이들은 아마 독일계 선교사로 당시 흠천감 정正이었던 유송령(Hallerstein, A.Von)과 부정副正인 포우관(Gogeisal, A.)인 듯하다. 홍대용은 북경을 다녀온 후 쓴 『연기燕記』의 「유포문답劉鮑問答」편에, 당시(1766년, 영조42) 북경에서 이 두 사람과 필담을 통해 천주교와 천문학에 대해 이야기한 내용을 기록했다. 박제가는 홍대용을 통해 이들에 대해서 자세히 들었을 것이다.

법도 배울 수 있으며, 각종 서적들도 들여올 수 있습니다. 그러면 세속적인 풍습에 젖은 선비들의 편협하고 진부한 생각은 꾸짖지 않아도 저절로 사라지게 될 것입니다.

사람들은 입만 열면 "우리 나라는 우리 나름의 교화教化를 펴고 있다. 비록 청나라의 달력대로 연도를 맞추고 있으나 그것은 원래 우리의 뜻이 아니었다. 우리의 문자와 제도 가운데는 청나라의 뜻에 거스르는 것이 많이 있다. 그런데 우리가 가서 누설하거나 혹은 그들이 와서 알도록 하는 것은 정말로 잘하는 일이 아니다."라고 합니다. 그러나 제가 생각하기에 이는 지나친 말입니다. 옛날 월왕越王 구천句踐이 오吳나라의 수도 회계會稽에 잡혀 있을 때, 사람들과 함께 밤낮으로 모의했던 것은 오로지 오나라에 대한 복수뿐이었습니다. 그만큼 급박했던 것입니다. 그런데도 그 계획이 새어 나가지 않았습니다. 이는 훌륭한 사람들과 함께 나라의 일을 모의했기 때문입니다.

큰일을 성사시키려면 작은 의심에 연연하지 말아야 합니다. 여우같이 의심이 많아서 두리번거리기만 한다면 무슨 일을 해낼 수 있겠습니까? 이웃 나라에서 기술자를 구해 값비싼 보석을 다듬으려고 하는데, 그 계획이 누설되는 것이 두려워 실행하지 않는다면 그것이 옳은 일이겠습니까?

제가 듣기에, 중국의 흠천감欽天監에서 역법曆法을 다루는 서양 사람들은 모두 기하학에 밝으며, 이용후생利用厚生하는 방법에도 정통하다고 합니다. 우리도 그들을 초빙해야 합니다. 비용은 현재 관상감觀象監 한 곳에서 쓰는 것으로도 충분합니다.

청년들이 그들로부터 천체 운행 및 각종 측량기의 사용법과 농업·누에치기·의약·가뭄·홍수·건조·습도 등에 대해 배우게 해야 합니다. 또한 벽돌로 가옥·성곽·교량을 쌓는 방법, 구리나 옥을 캐는 것과 유리를 굽는 방법, 그리고 외적을 방어할 대포를 설치하는 방법도 배우게 합니다. 그리고 논에 물을 대는 방법, 수레의 운행이나 배를 제작하는 방법, 벌목이나 돌을 운반하는 방법, 무거운 것을 먼 곳까지 운반하는 방법 등을 배우게 해야 합니다. 그러면 그들은 몇 년 안에 세상을 경영하는 데에 알맞게 쓰일 수 있는 인재가 될 것입니다.

사람들은 항상 "한나라 명제明帝*는 불교를 받아들여서 씻을 수 없는 폐단을 만들었다. 그리고 유럽인은 중국과는 9만 리 거리에 살면서 천주교라는 이단적 종교를 신봉하는 별종들이다. 또한 그들은 해외 여러 오랑캐 족들과도 내통한다고 하니 그 마음을 예측할 수가 없다."고 말합니다.

제가 생각하기에 그들은 수십 명이 한 집에 살아도 난亂을 일으키지는 못할 것입니다. 또한 그들은 모두 혼인이나 벼슬도 하지 않는 등 쾌락을 멀리합니다. 머나먼 타국에 와서 오로지 자신들의 종교를 전파하는 데만 몰두하고 있습니다. 그들의 종교가 천당과 지옥을 독실하게 믿는 것은 불교와 다름이 없습니다. 그러나 그들이 사용하는 기구는 삶을 윤택하게 한다는 점에서 불교와는 다릅니다. 따라서 그들로부터 열 가지 기술을 배우고 포교하는 일 한 가지만 금한다

명제(28~75)　후한後漢의 제2대 황제. 꿈을 꾸고 불교에 귀의歸依한 후, 서역西域에서 승려를 불러 낙양에 사원을 세웠다는 전설이 있다. 중국에 불교가 전래된 것은 전한前漢 애제哀帝 1년(B.C. 2)이라는 설이 유력하지만 다른 설도 많다.

면 계산상 득이 됩니다. 단지 염려되는 것은 적절하게 대우
하지 않으면 초빙해도 오지 않는다는 것입니다.

놀고먹는 자는 나라의 큰 좀입니다. 그런 사람들이 날로
늘어가는 것은 사족土族*이 날로 번성하고 있기 때문입니다.
이러한 무리들이 나라 안에 널리 퍼져 있어서 법률 한 조목
으로 이들 모두를 얽어 맬 수는 없습니다. 반드시 이에 대처
할 근본적인 방법을 마련해야 사람들이 헛된 말을 하지 않
게 되고 국법도 잘 시행되는 것입니다.

저는 수륙을 왕래하며 장사하는 무역업을 사족들에게 허
가해 주고, 이들을 문서에 등록시키기를 청합니다. 또한 이
를 권장하기 위해서는 그들에게 자금을 빌려주거나 가게를
지어 주고, 성과가 뚜렷한 자는 관리로 발탁해야 합니다. 그
래서 날마다 이익을 추구하게 한다면, 놀고먹는 자들이 점
차 줄어들고 즐거이 직업에 종사하는 마음이 생겨날 것입니
다. 호강한 권세에 의지하려는 마음도 사라지게 됩니다. 이
또한 풍속을 변화시키는 데에 하나의 도움이 될 것입니다.

제가 들으니 현명한 사람은 스스로를 속이지 않고 지혜
가 있는 사람은 스스로 폐단을 만들지 않는다고 합니다.

인재는 적은데 육성할 생각은 하지 않고, 재물은 날로 고
갈되어 가는데 이를 유통시킬 생각은 하지 않습니다. 그리
고 "후대로 올수록 백성들이 가난해진다."고 말합니다. 이
는 국가가 스스로를 속이는 것입니다.

지위가 높을수록 맡은 업무는 더욱 줄어듭니다. 관청에
있을 때는 모든 일을 아랫사람에게 맡기고, 영내를 벗어나

면 향리들에게 위임합니다. 그리고 좌우로 떠받들게 하면서 "체통을 지켜야 한다."고 말합니다. 이는 사대부가 스스로를 속이는 것입니다.

항상 글귀의 뜻을 따지고 의심하며, 병려체駢儷體*라는 문체를 배우는 데 골몰하고 있습니다. 그리고 세상의 모든 서적을 한데 묶어 "볼 만한 책이 없다."고 합니다. 이는 학문이 스스로를 속이는 것입니다.

아버지를 아버지라고 부르지 못하고, 형을 형이라고 부르지 못하는 사람이 있습니다. 사촌간에 상대를 노비로 부리거나, 누런 머리에 등이 굽은 노인이면서 어린애보다 낮은 자리에 앉는 사람이 있습니다. 할아버지나 아버지의 항렬에 해당하는 사람에게 절하지 않으며, 그 손자나 조카뻘 되면서 어른을 꾸짖는 사람이 있습니다. 점점 교만해져 중국은 오랑캐이고 스스로는 예의의 나라며 옛 중국과 같은 중화中華*라고 합니다. 이는 풍속이 스스로를 속이는 것입니다.

사대부도 나라에서 양성합니다. 그런데 국법이 사대부에게는 시행되지 않습니다. 이는 스스로 폐단을 만드는 것이 아니겠습니까? 과거라는 것은 인재를 등용하기 위함인데, 인재를 등용하는 길이 오히려 과거 때문에 무너지고 있습니다. 이 또한 스스로 폐단을 만드는 것이 아니겠습니까? 서원*을 세워 선현先賢에게 제사를 지내는 것은 유교를 숭상하려는 것입니다. 그런데 오늘날 서원은 병역을 기피하는 입영 대상자를 숨겨 주고, 법을 어기면서도 아무렇지도 않은 듯 술을 주조하고 있습니다. 이것 역시 스스로 폐단을 만드는 것이 아니겠습니까?

국가는 위에서 말한 네 가지 속임과 세 가지 폐단을 그 유형에 따라 바로잡고, 병든 곳은 도려내어 올바른 길로 이끌어야 합니다. 그러면 나라를 다스리는 일은 이미 반 이상 이루어지는 것입니다.

지금은 국가의 정책도 서리胥吏*들의 의견에 따라 처리되고 있습니다. 사대부들은 광대처럼 행동하고 있으며, 남자들은 부녀자들의 풍속에 젖어 있으면서도 이를 고치지 않고 있습니다.

대체로 속된 사람이 현명한 사람보다 많으면 속된 사람이 우세하고, 서리가 장관보다 많으면 서리가 우세합니다. 그런 까닭에 국가에서 서리들의 견해를 채용하고 있다고 말한 것입니다. 선비가 과거에 합격하는 첫날, 얼굴에 먹칠을 하고 뛰며 춤추는 것은 광대의 행동이 아니겠습니까? 또한 몽고풍의 의복을 입고 있어서, 그 옷은 부녀자가 입는 것이라고 점잖게 타일러도 이를 깨닫지 못합니다. 이는 부인의 풍속에 젖어 있는 것이 아니겠습니까?

이 세 가지는 시급히 고쳐야 할 것은 아닙니다. 그러나 이들이 서로 연관되어 있어, 풍속이 지지부진한 것입니다. 그러므로 기품 있는 선비를 채용하여 서리의 기풍을 씻어내야 합니다. 광대 같은 행동 대신에 겸손하게 행동하도록 하며, 부녀자들의 풍속을 버리고 예복을 입도록 해야 합니다. 이는 풍속을 진작시킬 수 있는 한 방법이 될 것입니다.

국가를 잘 다스리는 사람은 그 근본을 맑게 하고 말단에

서리 말단의 행정 실무에 종사하는 하급 관리. 아전衙前.

대해서는 신경을 쓰지 않습니다. 그래서 일은 줄어도 성과
는 많은 것입니다.

사람들은 항상 말하기를 "사치가 나날이 심해진다."고
합니다. 제가 보기에 이는 근본을 모르고 하는 말입니다. 어
떤 나라는 정말 사치 때문에 망하기도 합니다. 하지만 우리
나라는 너무 검소하기 때문에 약해졌습니다. 왜냐하면 무늬
를 수놓은 비단옷을 입지 않아서 나라 안에는 비단을 짜는
기계가 없어졌고 여자들은 더 이상 길쌈을 하지 않게 되었
습니다. 음악을 숭상하지 않아 오음五音*과 육률六律*이 맞지
않습니다. 부서져서 물이 새는 배를 타고, 더러운 말을 타
며, 찌그러진 그릇에 밥을 담아 먹고, 흙먼지가 덮인 방에
살고 있어, 기술자와 목축, 그리고 그릇을 만드는 일이 단절
되었습니다.

따라서 농사도 황폐해져 방법조차 잃어 버리고, 장사를
해도 이익이 적어서 생업을 중단해야 합니다. 그리하여 백
성들은 모두 가난해져 서로에게 도움을 줄 수 없습니다. 저
가난한 사람들은 비록 매일 채찍질하면서 사치하라고 해도
그렇게 할 수가 없는 것입니다.

대궐의 뜰은 나라의 의식을 거행하는 곳인데, 거적이 깔
려 있습니다. 대궐의 좌우 문을 지키는 호위병은 무명옷에
새끼 띠를 두르고 서 있습니다. 저는 정말 이를 수치스럽게
생각합니다.

이런 것은 생각지 않고 오히려 민가의 높은 대문을 헐어
버립니다. 시내에서 가죽신과 적삼을 입은 사람을 잡아들입

니다. 그리고 말을 관리하는 역졸들은 귀덮개를 사용할 수 없습니다. 이것은 말단에만 신경을 써서 그런 것이 아니겠습니까?

임금의 말씀을 받아 쓰는 사자관寫字官들에게 육서六書를 한 달만 가르쳐도 잘못 적는 경우가 줄어들 것입니다. 이것은 하지 않고, 또 따로 그 글자를 고치는 관리를 두고 있으니, 정작 글을 잘못 쓴 사람은 죽을 때까지 자신의 잘못을 깨닫지 못합니다. 제 자신도 그것을 모두 바로 고치지는 못할 것입니다. 이로 미루어 보면 나라 일에는 줄여도 될 만한 일이 많이 있습니다.

동이루東二樓를 처음 지을 때, 호조戶曹에서 일당 300전을 받는 인부 30명을 고용했는데, 능력도 없이 책임자의 자리에 앉은 사람은 그늘을 찾아 잠을 자고 있습니다. 계산하는 관리가 열 장의 종이에 적어서 보고하면, 호조의 낭관郎官은 그 중 반을 삭제한 다음 결재하면서 "이렇게 해야 돈이 새는 것을 방지할 수 있다."고 말합니다. 이는 다섯 장의 종이만 살펴본 것으로 9,000전이라는 돈은 그냥 지출되는 것입니다. 이것만 봐도 국가의 재물이 어떻게 쓰이는지 그 근본을 논의할 수 있습니다.

승정원承政院에서 명령을 내릴 때 20~30명의 하인들이 죽 늘어서서 발을 구르면서 소리를 지르는데, 그 소리가 먼 곳까지 진동을 합니다. 그렇게 하지 않으면 모든 관청에 위력을 떨치지 못한다는 것입니다. 그러나 병조兵曹의 낭관들은 채찍을 휘둘러대며 소리를 지르지 못하게 합니다. 이처럼 국가의 법령 가운데는 서로 모순되는 것이 많이 있습니다.

모든 국가 일을 어떻게 다 말할 수 있겠습니까? 그러나 작은 것으로도 큰일을 깨우칠 수 있는 것입니다. 전하께서는 작은 일도 잘 살피시는 분입니다. 부디 그 총명함을 더욱 넓히셔서, 불필요한 일을 줄이시고 재물의 절약을 중시하시며, 법령 가운데 서로 모순되는 것을 일치시키기를 간절히 바랍니다. 그러면 그 근본이 맑게 되어 큰 성과를 이룰 수 있을 것입니다.

제가 지금 말씀드린 것은 모두 세상 사람들이 해괴하게 여길 것들입니다. 그러나 10년만 시행해도 온 백성들의 세금이 줄어들고, 모든 관리들의 녹봉은 증가될 것입니다. 초가 지붕과 거적문은 붉게 단청한 화려한 누각으로 변하게 될 것입니다. 또한 걸어서 내를 건너는 것을 꺼려하던 사람이 가볍고 날쌘 마차를 타게 될 것입니다. 그리하여 지난날에 화목한 분위기를 해치던 것이 행복을 가져다 줄 것이며, 스스로 속이고 스스로 폐단을 만들던 것이 얼음 녹듯이 풀리게 될 것입니다.

그런 후에 경복궁과 경회루를 다시 짓고, 의정부와 육조를 예전 규모로 환원합니다. 그리고 모든 사대부들과 함께 징초徵招와 각초角招*의 음악을 연주하며 즐기는 것입니다. 이렇듯 잠시의 노력으로도 영원히 편안하게 될 수 있습니다. 그리하여 우리 선왕의 제도와 문물을 밝히고, 왕세자에게 억만 년의 튼튼한 기초를 마련해 준다면, 이것이야말로 아름다운 일이 아니겠습니까?

징초 · 각초 악장의 명칭. 『맹자』「양혜왕」편에 군신이 서로 즐기기 위해 지었다고 한다.

대체로 성스러운 임금은 만나기 어렵고, 좋은 때란 항상 아쉬운 법입니다. 지금 세상은 동쪽의 일본에서부터 서쪽 끝의 서장西藏까지, 남쪽의 자바로부터 북쪽 끝의 차하르*까지, 거의 200년 동안 전쟁이 일어나지 않았습니다. 이는 지난 역사에서 없었던 일입니다. 이런 때에 힘을 다하여 스스로 정비하지 않고 있다가 혹시 다른 나라에서 난리라도 나면, 그것은 우리에게도 걱정거리가 될 것입니다. 저는 국무를 담당하는 신하들이 태평성세만을 즐길 여가가 없을 것으로 생각합니다.

전하께서는 폭넓은 학식을 갖추고 예악禮樂을 제정할 능력을 지니신 분입니다. 또한 새롭게 시작하려는 강한 의지를 가지셨으니, 앞으로 어떤 업적인들 못 세우겠으며 어떤 것인들 얻지 못하겠습니까? 그런데 오히려 뜻대로 다스려지지 않는다 하여 원망하고 두려워하고 계십니다. 큰일을 시작하려다 시행하지 않은 지 10년이라는 긴 세월이 흘렀습니다. 앞으로도 현재의 풍속에 따라 다스리고, 그때그때 임시변통으로 때우면서 일시적인 편안함에 스스로 안주하실 것입니까?

옛날 한漢나라의 신공申公이 말하기를 "정치란 말을 많이 하는 것이 아니고, 단지 힘써 행하는 것일 뿐이다."라고 하였습니다. 실행하려고만 하신다면 요즘에 올린 상소문에도 핵심적인 내용이 담겨 있습니다. 그러나 실행하시지 않으시면, 궁궐에서 오가는 말들이 더욱 많아지고 새롭다 하더라도 모두 겉치레에 지나지 않겠습니까?

저는 오랫동안 글을 읽지 못하여 마음이 꽉 막혀 있습니다. 그래서 조목조목 말씀드리지 못하였고 갑자기 대답하기도 어렵습니다. 만약 전하께서 저의 충정을 헤아리시어 이 글을 끝마칠 수 있도록 하신다면, 특별히 하루의 휴가를 주시고 대필할 사람 열 명만 보내주시기 바랍니다. 그러면 마음속에 있는 생각을 모두 말씀드리겠습니다. 말을 함부로 하여 죄송스러우나 죽을죄를 무릅쓰고 말씀드렸습니다.

전하께서 답하기를 "이번에 말한 여러 조목을 보니, 너의 뜻을 충분히 알 수 있겠다." 하셨다.

진북학의

왕명에 따라 적어 올린 「북학의」

통정대부행通政大夫行 영평현령[*]永平縣令 신신臣 박제가朴齊家

저는 지난 12월[*]에 전하께서 농업 진흥책과 훌륭한 농업 서
적을 구하신다는 조서詔書를 받아 보았습니다.

우리 고을의 원로 및 선비들이 모두 함께 이 글을 돌려보
며, 혹 글을 모르는 자가 있으면 그 뜻을 해석해 주었습니
다. 저희들은 기뻐 환호하여 저절로 손이 춤추고 발이 뛰놀
았습니다. 그러나 곧이어 탄식을 금할 수 없었습니다. 그 글
중 한 가지라도 제대로 이해할 수 있는 것이 없었기 때문입
니다. 또한 평소에 쌓은 학식으로는 전하의 밝으신 뜻을 충
분히 받들지 못할까 걱정했습니다.

비록 그러하나 제가 생각하기에, 모든 일과 물건에는 그
나름의 정밀한 의미가 있는 법입니다. 하물며 하늘이 좋은
곡식을 내려서 백성들이 먹고 살도록 한 농사일이야 더 말

해 무엇하겠습니까? 이는 매우 중요한 일로 그 이치 또한 지극히 깊습니다. 그러니 어떻게 그저 남이 시키는 대로만 하는 저 어리석은 백성들에게 농사일을 맡겨 놓고, 그들이 서투른 솜씨로 수확한 것을 앉아서 거두기만 하겠습니까? 모든 일은 그 일에 남다른 뜻을 가진 사람이 나온 뒤 시행하는 것입니다.

지금 전하께서는 모든 일에 있는 힘을 다한 우禹 임금과 농사짓는 방법을 밝힌 주공周公을 본받으셔서, 백성들이 굶주리거나 추위에 떨지 않게 하는 것을 왕정王政의 으뜸으로 여기셨습니다. 모든 백성들이 다 함께 그 복을 받을 것은 당연한 일입니다.

제가 분수에 넘게 지금의 직책을 맡은 지 벌써 3년입니다. 그 동안 이룬 업적은 미미하지만 나라를 걱정하는 마음만은 세상 백성들을 앞섭니다.

제가 살펴보니, 두메 백성들은 화전火田*을 불사르고 땔나무를 찍어대느라 열 손가락이 모두 닳고, 십 년이 넘은 낡은 솜옷을 입고 있었습니다. 그들은 허리를 굽혀야 들어갈 수 있는 집에 살면서, 벽이 연기에 그을려도 흙조차 다시 바르지 못하고 있었습니다. 그리고 밥도 찌그러진 그릇에 담고, 소금도 치지 않은 나물을 반찬 삼아 먹고 있었습니다.

부엌에는 단지 나무 숟가락과 기와 물동이만 있기에 그 까닭을 물어보니 쇠가마와 놋쇠 숟가락은 관청에서 빌린 쌀값으로 이정里正*에게 빼앗겼다는 것입니다. 또 요역徭役*에

화전 임야를 불태우고 곡식을 재배하는 농경법. 거름을 주지 않고 곡식을 재배하는 가장 원시적인 농법으로, 몇 년 후에는 지력地力이 상실되어 새로운 곳으로 이동해야 한다. 화전민은 조선 후기에 크게 증가하였다.

이정 마을의 이장.

요역 국가가 백성의 노동력을 무상으로 징발하는 수취 제도. 부역賦役·잡역雜役이라고 부른다. 16~60세의 성인 남자를 대상으로 호戶 단위로 부과하며, 소집일은 1년에 6일을 넘지 못하도록 하였다. 그러나 규정과는 달리 지방관이 임의로 징발하는 경우가 많아 농민을 괴롭히는 무거운 부담의 하나가 되었다.

대해서 물어보니, 노비가 아닌 한 노동력으로 징발되는 대신에 군보軍保*로서 나라에 돈 250~260문文을 바친다고 합니다. 국가의 경비는 모두 여기에서 얻어지는 것입니다.

이 말을 들은 저는 마치 과부가 길쌈 걱정도 안 하는 것 같은 탄식[釐不恤緯]*이 나왔습니다. 심각한 것은 오늘날의 이러한 풍속을 변화시키지 않고는 백성들이 단 하루도 잘 살 수 없다는 것입니다. 이는 다만 한 고을만의 일이 아니고 여러 고을, 나아가 온 나라가 모두 그러합니다.

이에 전하께서는 분연히 떨쳐 일어나 이를 단숨에 개혁하고, 어떠한 방법으로든 백성들을 구제하고자 하셨습니다. 그것이 이처럼 지극하고 간절하셨던 것입니다.

제가 듣기에 나라를 다스리는 일은 목동이 말을 기르듯, 해로운 것들을 없애면 되는 것이라 합니다. 농업 정책에 힘쓰고자 하신다면 먼저 그것에 해로운 것들을 없애야 합니다. 그런 후에야 다른 일을 논할 수 있을 것입니다.

첫째, 선비를 가려내야 합니다. 대비과大比科*만 보더라도, 대과大科*나 소과小科에 응시하는 자가 거의 십만 명이 넘습니다. 단지 이들뿐 아니라, 이들의 부자·형제도 비록 시험에는 응시하지 않더라도 모두 농사일을 하지 않는 자들입니다. 그뿐만 아니라 이들은 농민을 그저 부려먹기만 합니다. 같은 백성으로서 다른 백성을 부려먹으니 자연히 강하고 약한 형세가 이루어지는 것입니다. 그리하여 이들은 날이 갈수록 농사일을 가볍게 여기고 과거 시험만 더욱 중요하게 생각합니다.

조금이라도 자신을 내세우고 싶어하는 자는 모두 과거 시험장으로 몰려갑니다. 어쩔 수 없이 농사를 짓는 자는 모두 어리석은 일반 백성들로 남에게 부림만 당하고 있습니다. 그들은 처자식들까지도 들로 몰고 나갑니다. 소 먹이고 씨앗 뿌리는 일의 거의 대부분과 낫으로 베고 방아 찧는 모든 일을 부인들에게 맡기고 있습니다.

그래서 황폐한 농촌의 조그만 고을에서는 다듬이 소리조차 거의 들리지 않으며, 온 나라 백성들은 자신의 몸뚱이를 가릴 수 있는 옷조차 없는 지경입니다. 그러나 배웠다는 사대부들은 이를 대수롭지 않게 여기면서 옛날부터 그랬다고 말합니다.

당나라 시인이 쓴 「여경전행女耕田行」*이란 시는 난리를 겪은 뒤의 참담한 농촌의 광경을 탄식한 것입니다. 그런데 지금 우리 나라는 태평세월이 100여 년이나 계속되었지만, 부녀자가 밭을 갈고 있는 것이 현실입니다. 정말이지 이러한 사실을 이웃 나라가 알게 할 수는 없습니다.

어떻게 이런 사대부들을 단지 농사를 방해하는 자들이라고만 할 수 있겠습니까? 사실은 농사를 망치는 몹쓸 자들입니다. 이런 무리가 전체 인구의 반을 차지한 지가 백 년이 되었습니다. 지금 나라에서는 오로지 과거만을 중시하는 자들은 도태시키지 않으면서, 농사일에 힘쓰지 않는 백성들에게는 "너희들은 어찌하여 힘써 일하지 않느냐?"며 꾸짖기만 하고 있습니다.

형편이 이와 같으니, 매일같이 조정에서 천 장의 공문을
발송하고, 현의 관리가 만 마디의 말로 경계한들 무엇하겠
습니까? 한 잔의 물로는 풀섶을 가득 실은 수레에 붙은 불
을 끄지 못하는 것과 같이, 힘은 힘대로 들고 성과는 별로
없게 되는 것입니다.

둘째, 수레를 운행해야 합니다.

옛날에 승상 김육金堉*이 평생에 걸쳐 추진했던 정책은
수레와 화폐의 사용, 오직 이 두 가지뿐이었습니다. 화폐를
사용하기로 했던 초기에는 의논이 분분해서 폐지될 뻔하다
가 겨우 시행되었습니다. 그때 신의 종고조從高祖*인 수진守
眞이 그 일을 실질적으로 주관했습니다.

만약 이제라도 수레를 운행하도록 한다면 십 년 이내에
백성들이 마치 돈 좋아하듯 수레를 좋아하게 될 것입니다.
뿐만 아니라, 이것이 이른바 "모든 일은 백성들로 하여금
일단 시작하게 해야 한다. 모든 백성들에게 그 내용까지 자
세히 알게 할 수는 없으며, 일이 이루어지는 것을 함께 즐
길 뿐 시작할 때부터 함께 계획할 수는 없다."고 하는 것입
니다. 비유하자면 농사란 사람의 창자이고 수레는 혈맥입
니다. 혈맥이 통하지 못하면 사람은 윤택해질 수 없습니다.
『의서도인醫書導引』에 "하거河車"라는 약이 있는데 바로 이를
두고 한 말입니다.

위에서 말한 모든 것이 농사 그 자체는 아니더라도 농사

김육(1580~1658)　선조~효종
시대의 중신이자 실학의 선구
자. 관직이 영의정에 이르는
동안, 대동법의 확대 실시·수
차水車의 사용·동전　(상평통
보)의 통용·서양 역법을 기초
로 한 중국의 시헌력 사용 등
을 추진해 실시하게 했다.

종고조　고조 할아버지의 사촌
형제.

에 도움이 되는 것입니다. 또한 나라에서 먼저 힘써야 할 일입니다. 우리 나라에 예전에는 없던 쓸모없는 선비가 오늘날에는 많이 있고, 예전에는 있던 쓸모 있는 수레가 오늘날에는 없습니다. 이처럼 이로운 것과 해로운 것이 극단적으로 상반되고 있으니 백성들이 초췌해지는 것은 지극히 당연한 일입니다.

사람들은 항상 말하기를 "풍속을 갑자기 변화시킬 수는 없고, 다만 현재의 농사 방법에서 해로운 것은 줄이고 권장할 만한 것은 늘릴 뿐이다."고 합니다. 그러나 말만 많이 할 것이 아니라 실제로 시험해 보아야 합니다.

먼저 서울에 대장간을 개설하고, 중국 요양遼陽에서 각종 농기구를 사다가 그 모양을 본떠서 두들겨 만드는 것입니다. 철이 생산되는 먼 지방에는 관청의 기술자를 보내 농기구를 만들게 하고, 그로 인해 얻는 수익을 거둬들이며 아울러 이를 제도로 반포하는 것입니다.

이런 농기구를 실제 농사에 시험할 때는 땅의 크기에 상관없이 서울 근교에 적으면 100묘畝, 많으면 100경頃 정도의 둔전屯田을 만듭니다. 그리고 농사에 대해 잘 아는 사람을 마치 옛날의 수속도위搜粟都尉와 같은 영도자로 뽑고, 별도로 선발한 농사꾼 수십 명에게 삯을 후하게 주면서 모두 그 영도자의 지휘에 따르게 합니다.

가을에 수확을 마치면 그 득실을 비교해 보고, 1~2년이 지나 뚜렷한 효과가 나타나면 그 농사꾼들을 각 도에 파견합니다. 이들 한 사람이 열 사람에게 그 농사짓는 법을 전수하고 열 사람이 백 사람에게 전수하면, 십 년 안에 잘못된 풍습을 모두 바꿀 수 있습니다. 다만 실시 초기에는 약간의 재물이 소비될 것입니다. 그러나 몇 해 안에 그 비용을 충분히 보상할 수 있을 것이며, 그 성과도 멀리 파급될 것입니다. 그러니 비용에 대해서는 따질 것이 못 됩니다.

일찍이 저는 이이李珥가 말한 '십만양병설'의 의미를 깨닫고, 30만 섬의 곡식을 서울에 비축하여 나라의 근본을 충실히 하고 싶었습니다. 이에 대한 최선의 방법은 배를 잘 만들어 조운漕運을 늘리고, 육로로 운반할 때는 수레를 운행하며, 둔전을 설치하여 농사짓는 방법을 가르치는 것입니다.

대체로 서울 4~5만 가구의 식량과 관리·군인들의 봉급은 모두 삼남 지방*에서 바다로 운반해 오는 십여 만 섬의 곡식에 의존하는 것입니다. 집에서 자신들이 먹으려고 저장하는 것을 제하고도 20만 명이 수 개월 동안 먹을 것을 비축해야 합니다. 그래야 급한 변이 있더라도 안심할 수 있을 것입니다.

우리 나라의 배는 엉성할 뿐만 아니라 갑판도 낮아서 선적한 짐 가운데 썩는 것이 많습니다. 그래서 중국의 선박 제조법을 반드시 배워야 합니다. 그런 후에 조운을 늘려 연해의 곡식이 바다를 통해 한강에 이르도록 해야 합니다. 조운을 늘려도 미처 운반할 수 없는 것은 육로로 운반해야 합니다. 육로로 운반할 때도 사람의 어깨나 말에만 의존하지 말고 수레를 이용해야 합니다.

그러나 수레를 이용한다 해도 민가의 곡식을 모두 운반할 수는 없으므로 둔전을 설치하자는 것입니다. 둔전을 설치하여 옛 방식대로 시험해 보면, 할 일은 반으로 줄면서도 성과는 두 배로 늘어날 것입니다. 또한 모든 곡식을 수송해 오지 않더라도 30만 섬의 곡식이 저절로 채워질 것입니다.

옛날 송나라에 심태평암心太平庵이라는 호를 가진 사람이 있었고, 명나라에는 『장취원將就園』이라는 기록을 남긴 사람이 있었는데, 이 단어들은 모두 세상일에 빗대어 지은 것들입니다. 그들은 모두 신분이 낮아 뜻을 얻지 못한 까닭에 자신이 지은 글 속에 이를 빗대어 말했던 것뿐입니다.

지금 전하께서는 즉위하신 후, 백성을 맑고 흡족하게 어루만지시어 그들을 바르고 곧게 만들고 계십니다. 이렇듯 높이는 것이나 낮추는 것이나 모든 것을 마음대로 하실 수 있는데, 어떻게 단지 빗대는 언어로 말하시겠습니까?

· 저는 농사일을 살피는 관리입니다. 모든 논의는 농사를 경영하는 일에서 시작할 수밖에 없습니다. 무술武術에 대한 강론과 문학의 수련, 그리고 교화敎化와 예악禮樂에 대한 일은 감히 언급하지 못합니다. 단지 제가 원하는 것은 고을 백성이 편하게 살면서 생업을 즐기도록 하는 것입니다. 그들이 개천과 도랑을 법에 맞게 만들고, 집 주위를 가지런하게 정리하며, 모습과 언행이 깨끗하고 믿음직스러우며, 그릇과 의복이 견고하고 완전하며, 수목이 울창하고 가축이 잘 자라며, 남녀가 게으르지 않아 각자가 할 일이 있으며, 수공업

자와 장사꾼이 모여들고 도둑들이 물러가며, 다리와 주막과 뒷간조차도 모두 정비되어 있고 낚시나 사냥하는 곳에 배와 수레가 있으며, 아이들은 돌림병을 앓지 않고 늙은이는 노래하고 글을 읊조리게 되기를 바랄 뿐입니다.

이것은 모두 근본을 튼튼히 하고 농사에 힘쓴 후에 나타나는 효과로서, 집집마다 넉넉하고 모든 사람의 생활이 풍족해져야 가능한 일입니다. 중화中和하고 위육位育*하는 것도 여기에서 크게 벗어나지 않습니다.

한 고을, 나아가 온 나라가 이와 같으면, 풀잎이 바람에 쓰러지듯 역참의 말이 소식을 전하듯, 마치 소리가 울려 퍼지는 것처럼 이에 따를 것입니다. 이런 일을 아침에 보게 된다면 저는 저녁에 죽더라도 유감이 없습니다.

젊은 시절에 저는 중국 북경에 머물렀던 적이 있었습니다. 그래서 중국에 대해 자주 말했던 것입니다. 우리 나라 사람들은 오늘날의 중국은 옛날의 중국이 아니라면서 심하게 비웃고 있습니다. 이번에 올리는 이 말씀도 예전에 그들에게 비웃음을 받던 그 말들 중 하나에 불과합니다. 그리하여 또 망발을 한다는 조롱을 스스로 듣게 되겠지만 이것 외에는 달리 할 말이 없습니다.

중요한 것도 처음에는 보잘 것 없는 것처럼 보이기 마련입니다. 하찮은 사람의 사견이지만 감히 숨기지 않고 적어, 논설·차기箚記* 등 무릇 28항목 53조를 여기에 기록하고 제목을 '북학의' 라 하였습니다.

감히 존엄하신 대전을 더럽히게 될 줄 알면서도 잘 판단하시도록 갖추어 올립니다. 재주가 두목杜牧*에 미치지 못하여 특별할 것도 없고, 학술은 왕통王通*에 비하여 부끄럽습니다. 어떻게 감히 전하께 올리는 계책이라고 말할 수 있겠습니까? 저는 두렵고 떨리는 마음으로 죽음을 무릅쓰고 삼가 말씀드립니다.

수레에 대한 아홉 가지 이치

수레는 하늘을 본떠서 만든 것으로 땅에서 운행한다. 모든 것을 실을 수 있어서 그 이로움이 막대하다. 그런데 오직 우리 나라만 이용하지 않고 있다. 무슨 까닭인가? 사람들은 걸핏하면 "산천山川이 험해 길이 막혀 있기 때문이다."라고 말한다. 수레는 신라나 고려 이전에도 사용했다. 유거달柳車達*이 전차戰車로 고려 태조를 도왔다는 것이 그 증거이다. 예전에도 검각劍閣·구절九折·태행太行·양장羊腸*으로 불리던 수레가 있었다.

이러한 사실은 둘째치고라도, 길이 험하다면 통행할 수 있는 곳만 운행하면 되는 것이다. 만약 각 지방의 집집마다 수레가 있다면, 그 수레로 짐을 번갈아 운반하고, 중간에 험한 길이 있으면 예전처럼 사람이나 말로 운반한다. 그러면 그리 멀게 느껴지지 않을 것이다. 천리 만리나 되는 거리를 단 한 대의 수레만을 이용하여 운반하는 일은 거의 없다.

수레를 운행하면 길은 저절로 열린다. 길만 조금 더 닦으면 동쪽의 대관령大關嶺, 남쪽의 조령鳥嶺*, 북쪽의 철령鐵嶺*, 서쪽의 동선령洞仙嶺*도 수레로 다닐 수 있다.

지금 서울의 군부대에서 사용하는 큰 수레는 너무 무거워서 빈 수레로도 소가 지치는 형편이다. 또 큰 나무로 소의 머리를 눌러서 많은 소가 병들어 죽는다. 수레를 끌었던 소는 나중에 고기로도 먹을 수 없고, 그 뿔도 사용할 수 없다. 이는 소가 극도로 지쳐서 독기毒氣를 발했기 때문이다.

함경도에는 자용거自用車라는 수레가 있는데 제법 경쾌하게 달린다. 다만 수레의 속 바퀴에 한 자쯤 되는 귀가 나왔는데 대체로 옛날 원나라의 수레를 본떠 만든 것이다. 준천사濬川司에는 모래를 나르는 수레[沙車]가 있고, 혹 민가에서도 나름대로 수레를 만들기는 하나 모두 규격이 맞지 않는 것들이다.

대체로 수레에는 사람이 타는 것과 짐을 싣는 것이 있으며, 용도에 따라 크고 작고, 가볍고 무겁고, 빠르고 느린 것 등이 있다. 중국 사람들은 이 방면에 대해 오랫동안 깊은 연구를 해왔다. 지금은 단지 실력 있는 기술자들이 그 규격에 맞추어 만들어 내면 되는 것이다. 만약 조금이라도 규격에 맞지 않으면 수레로 인정하지 않는다.

예전의 재장梓匠*·윤여輪輿*라는 것은 모두 수레에서 생긴 명칭이다. 우리 나라에서는 수레를 사용하지 않아서 고공*

考工이라는 관직마저 폐지되었다. 그래서 도로와 가옥들이 제 규격에 전혀 맞지 않는다. 사람들이 견딜 수 없어 하는 것은 바로 이 때문이다.

우리 나라는 동서 간의 거리가 1,000리이고 남북으로는 그것의 세 배가 된다. 그 가운데에 서울이 있기 때문에, 사방에서 서울로 물자가 모여드는 데는 실제로 동서 500리, 남북 1,000리에 불과하다. 또 삼면이 바다로 둘러싸여서 각 해안 지방을 배로 통행할 수 있다. 그러면, 육지에서 거래하는 자는 대략 서울까지는 멀어도 5~6일, 가까우면 2~3일밖에 걸리지 않을 것이다. 한쪽 끝에서 다른 쪽 끝까지 간다 해도 그 두 배 정도의 시일이면 될 것이다. 만일 당나라의 유안劉晏*이 시행했던 것처럼 걸음이 빠른 자를 곳곳에 배치한다면, 며칠 안에 각 지방의 물가物價를 고르게 할 수 있을 것이다.

두메산골에 사는 사람들은 풀명자나무의 열매를 담갔다가 된장 대신 사용하며, 새우젓이나 조개젓을 보고는 이상한 물건이라고 생각한다. 그들이 왜 이렇게 가난한 것일까? 단언하건대 그것은 수레가 없기 때문이다.

전주全州의 장사꾼은 처자식을 거느리고 생강과 참빗을 짊어지고 걸어서 함경도나 의주義州까지 간다. 이익이 없는 건 아니지만 걷느라고 모든 근력이 다 빠지고, 가정적인 낙을 즐길 틈이 없다. 또한 원산에서 미역과 건어를 실은 짐바리가 밤낮으로 북쪽 길로 뻗쳤으나 그들은 많은 이익을 남기지 못한다. 말에게 들어가는 비용이 반이 넘기 때문이다.

영동 지방의 경우 꿀은 생산되나 소금이 없고, 평안도 관서 지방에서는 철은 생산되나 감귤이 없으며, 함경북도에는 삼[麻]이 흔해도 무명은 귀하다. 산골에는 붉은 팥이 흔하고, 해변에는 창명젓과 메기가 흔하다. 또 영남 지방의 고찰古刹에서는 좋은 종이를 생산하고, 청산과 보은에는 대추나무가 많으며, 한강 입구에 있는 강화에는 감이 많다.

백성들은 이런 물자를 서로 이용하여 풍족하게 쓰고 싶어도 힘이 미치지 않는다. 어떤 사람은 "말을 이용하면 충분하다."고 한다. 그러나 한 필의 말과 한 대의 수레가 운반하는 양이 서로 비슷하다면 수레가 훨씬 유리하다. 끌어당기는 힘과 싣고 다니는 고달픔이 엄청나게 다르기 때문이다. 그러므로 수레를 끄는 말은 병들지 않는다. 하물며 5~6필의 말로 운반해야 하는 것을 수레 한 채로 모두 운반할 수 있으니, 몇 배의 이익이 생기는 것이다.

지금은 비록 큰 수레가 투박하지만 소 다섯 마리가 끌면 곡식 열 닷 섬을 실을 수 있다. 소 등에 실을 경우에는 한 마리에 두 섬씩 싣는다 해도 열 섬밖에 안 된다. 수레가 3분의 1 정도의 이익을 더 얻게 하는 것이다.

달구지

네 바퀴를 가진 수레로 소나 말이 끈다. 소가 끄는 것을 '우차', 말이 끄는 것을 '마차'라고 하지만, 통틀어 '마차' 또는 '우마차'라고도 한다. 바퀴가 두 개인 수레는 달구지라 한다. 근래에까지 사용되었다.

ⓒ 농업박물관.

수령이나 사신들은 천리든 만리든 계속 말을 타고 다닌
다. 그런데 아랫사람들은 그 거리를 줄곧 걸어야 한다. 또
그들은 잠시라도 상전 곁을 떠나지 못하고, 빠르거나 느리
거나 말의 걸음에 맞추어야 하니 아무리 힘들어도 휴식을
취하지 못한다. 하인과 역부役夫들이 병에 잘 걸리는 것은
바로 이 때문이다.

전에 작은 가마를 타고 가는 중국 관리의 행차를 보았다.
가마에는 그 중간을 뚫어서 막대기를 가로질러 놓았다. 그래
서 앞뒤로 각각 두 사람이 메었을 뿐, 옆에서 부축하는 자가
없어도 가마가 기울어지지 않았다. 그 뒤에는 열 아홉 사람
이 탄 큰 수레를 말 다섯 필이 끌고 있었다. 그들은 대개 교
대할 인부들이다. 그래서 5리나 3리쯤 가다가 한 번씩 가마
메는 인부를 바꾸어, 그들의 왕성한 힘을 이용하고 있었다.

미투리[麻鞋]는 100리 길을 가면 뚫어지고 짚신은 10리 길

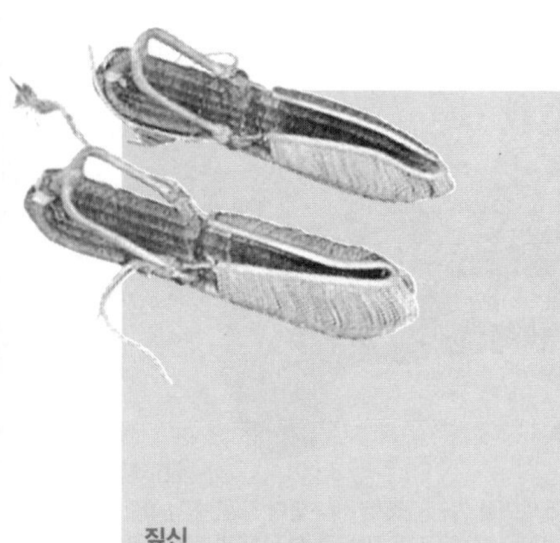

미투리
삼껍질·왕골·면사·견사 등
으로 짚신처럼 삼은 신으로
주로 나들이할 때 신는다.

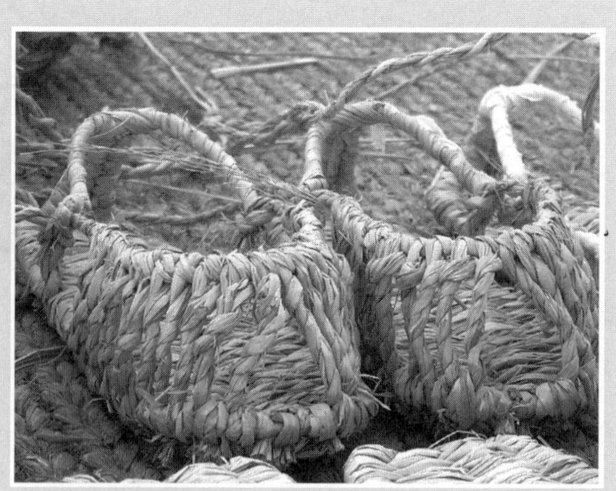

짚신
짚으로 만든 신으로 신바닥·신총·올개총·
두축 등으로 이루어졌다.

만 가도 해진다. 삼[麻]이 짚보다 열 배나 비싸기 때문에 가난한 백성은 모두 짚신을 신는다. 그래서 신이 다 닳을 때마다 갈아 신기 바쁘다. 가죽신 값은 미투리의 열 배나 된다. 이것은 모두 수레가 없어서 생기는 해악이다. 수레라는 것은 모든 백성의 나막신에 징을 박은 것과 같다.

중국으로 가는 서쪽 길에 있는 각 고을 관리들에게, 매년 떠나는 사신 편에 중국 수레 몇 대씩을 구입하도록 해야 한다. 각 역참에서 이 수레를 사용하게 하고, 백성들도 자세히 볼 수 있게 한다. 또한 마부 몇 명을 말몰이꾼으로 삼으면 수레에 대해 많은 것을 배울 수 있을 것이다.

우리 나라는 산이 많기 때문에 수레를 만들 재목은 넉넉하다. 그러나 숯을 굽는 일 외에는 달리 이용할 줄을 모른다. 스스로 보배로운 것을 버리고 재목이 없다고 걱정하고 있으니 이 무슨 일인가?

곰곰이 생각해 보니 수레를 만드는 이치가 마치 천지조화와 같다.

밭

중국의 밭에는 씨앗을 소 가랑이 사이만 한 폭에 한 줄로 심는다. 싹이 트면, 다시 소에 쟁기를 매어서 골 양쪽의 흙을 갈아 올린다. 쟁기의 넓이는 소 가랑이 넓이와 같으며, 처음 갈았던 골을 따라서 간다. 이때 새 흙이 뒤집혀 일어나면서 씨앗이 소의 배 밑에서 우수수 일어난다. 그런데 씨앗 세 줄의 폭이 우리 나라의 두 줄의 폭과 같다. 이렇게 보면 우리는 아무런 이유 없이 밭의 3분의 1을 그냥 내버리는 셈이다.

훗쟁기는 소 대신 사람이 끄는 것인데 소가 하는 일의 반을 한다. 밭과 소, 사람과 기구의 치수가 서로 일치하며, 매우 일정한 방법으로 심어서 곡식이 자라도 겹쳐지거나 비뚤어지지 않는다. 길면 다같이 길고 짧으면 다같이 짧다. 절대로 차이가 나지 않는다.

그러나 우리 나라에서는 콩이나 보리를 심을 때 제멋대로 뿌려서 작물이 서로 더부룩하게 얽혀 바람을 고르게 받지 못한다. 또 그늘과 양지가 확연히 달라서, 탁 트인 곳에서는 벌써 열매를 맺어 익어 가는데 아래쪽에서는 이제 한창 꽃이 피고 있다. 종류에 맞지 않게 작물을 재배했기 때문에 결국 부실하게 된 것이다. 그래서 씨앗은 한 알씩 골고루 뿌려야 병이 들지 않는다. 한꺼번에 많이 뿌린다고 잘 되는 것이 아니다. 보리 한 이삭에 낟알 백 개를 얻는다면, 한 말의 종자를 심으면 마땅히 열 섬을 수확해야 한다. 그렇지 못한 것은 씨앗을 골고루 뿌리지 않았기 때문이다.

쟁기
논밭을 가는 데 쓰는 연장으로 소에 매어 쓴다. 쟁기는 땅을 일구는 보습을 고정하는 술의 모양에 따라 선쟁기·눕쟁기·굽쟁기로 구분한다.
ⓒ농업박물관.

이렇게 보면, 우리 나라는 밭을 갈 때 이미 밭의 일부를 잃은 셈이고, 또 씨앗을 심을 때 이미 곡식을 허비한 셈이니 수확할 때도 줄어들게 마련이다. 어떻게 곡식이 귀하지 않을 것이며 백성이 가난하지 않겠는가? 며칠에 걸쳐 밭을 갈았다거나 몇 섬의 씨앗을 심었다고 떠들어대도 사실은 그 반밖에 이용하지 않은 것이다. 따라서 해마다 수만 섬의 곡식을 땅에 버린 것과 같다. 중국의 방식대로 하면 하루갈이 밭에서도 넉넉잡아 50~60섬은 수확할 수 있을 것이다.

이희경이 말하기를 "일찍이 홍천에서 직접 농사지을 때 구전법區田法대로 보리를 심어 보았다. 땅을 그릇 깊이만큼 파서 거름을 부어 두었다가 흙을 덮고 씨앗을 뿌렸는데 한 구덩이에 대략 십여 알이 들었다. 예전에는 씨앗을 한 말이나 심어야 했던 땅에 이제는 두 되 다섯 홉이면 충분하다. 거름도 적게 들고 노력도 한 곳에 집중할 수 있으며, 씨앗은 적게 들면서 수확은 두 배가 되어 이익이 막대해졌다."고 하였다.

거름에 대한 다섯 가지 이치

중국에서는 거름을 금처럼 아끼며 재도 길에 버리지 않는다. 말이 지나가면 삼태기를 들고 따라가며 그 똥을 줍는다. 심지어 나귀나 말의 오줌이 스며든 흙까지 파 간다. 도로변에 사는 백성들은 날마다 광주리와 작은 쇠스랑을 가지고

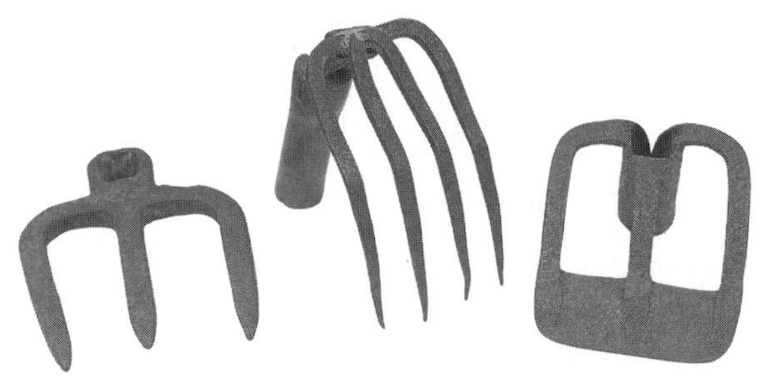

쇠스랑
밭의 흙을 파서 고르거나 흙덩이를 깨거나 씨 뿌린 뒤에 흙을 덮는 데 쓴다.
ⓒ 농업박물관.

모래밭에서 말똥을 가려낸다. 워낙 많은 사람들이 그러니 많이 거둘 수도 없다.

나도 처음에는 이를 어리석은 짓이라고 비웃었다. 건장한 장정이 하루 종일 말똥을 주워도 두 말이 안 되었기 때문이다. 그러나 곰곰이 생각해 보니 그로 인해 다음 해에 곡식 한 말을 더 수확할 수 있는 것이었다. 그러므로 날마다 곡식 한 말을 더 얻게 된다면 상당한 양이 아니겠는가.

그 밖에도 밭농사를 하는 집은 문 앞에 수수깡과 잡초를 죽 펴 놓았다. 소나 말, 수레가 밟고 지나가고 눈과 비에 젖게 하였다가 따로 쌓아서 썩힌다. 이것이 시커멓게 되면 자주 뒤집어서 거름으로 만든다. 대부분 네모 반듯하게 쌓는데, 어떤 것은 세 모나 여섯 모로 쌓아 마치 큰 탑과 같은 모습이었다. 또 그 밑을 파고 항아리를 묻어서 거름의 침전물을 담는다. 거름의 침전물이 담긴 큰 독에 인분을 탄 다음 막대기로 휘저으면, 덩어리가 풀려서 묽은 죽같이 된다. 여름 한낮에 긴 자루가 달린 박으로 그것을 퍼서 모래밭에 덮어 놓는다. 그러면 뜨거운 모래에 바짝 말라서 곧 둥글납작하게 된다. 겉보기엔 붉은색 떡과 별 차이가 없다. 이것을 부수어서 가루로 만들었다가 채소밭에 쓰는 것이다.

물질을 이용해 뚜렷한 효과를 볼 수 있는 것으로는 밭에 거름을 주는 것만 한 것이 없다. 장주莊周*가 "썩어 냄새나는

장주(B.C. 369~B.C. 289?) 중국 전국 시대의 사상가 장자莊子.

206

것이 신기한 것으로 변한다."고 말한 것이 바로 이것이다.

오늘날 도성 안 대부분의 집이 더럽고 지저분하다. 수레가 없어서 오물을 퍼가지 못하기 때문이다. 퍼간다 해도 기껏해야 병든 말을 이용할 뿐이어서 많아야 수십 근 정도도 안 된다. 마지못해 짚으로 엉성하게 얽은 망태기에다 거리를 어지럽히는 지푸라기나 검불 따위를 주워 담기는 하나, 진흙에 담가 놓을 뿐 진짜 거름이 될 만한 것은 버린다. 이것이 바로 "한 가지만 걸리고 만 가지는 새어 나간다."는 것이다.

짚과 검불은 본래 엉성하여 흙에 섞어도 서로 엉겨 붙지 않는다. 덜 썩은 거름은 냄새가 고약해 씨앗을 부치는 데에 오히려 해롭다. 또 겨울에는 쌓아 놓은 거름더미 주위에 배수로를 파지 않아서 눈이나 비가 오면 거름의 기름진 것이 씻겨져 나간다. 결국 있는 힘을 다해도 밭에 실어내는 것은 찌꺼기뿐이다.

더구나 오줌을 받는 그릇조차 없다. 보리 농사를 하는 시골집에서는 깨진 구유에 오줌을 받는데 모이는 것이 반이고 넘치는 것이 반이다. 서울에서는 날마다 뜰이나 거리에 오줌을 버려서 우물물이 전부 짜다. 냇가 다리의 축대 주변에는 인분이 더덕더덕 말라붙어서 큰 장마가 아니면 잘 씻겨지지도 않는다. 또한 버선은 가축의 배설물로 항상 더러워진다. 논밭이 항상 그 모양인 이유를 이것으로도 알 수 있다. 이처럼 거름을 거두지 않고 재는 모두

망태기
새끼를 그물처럼 망을 떠서 만든 운반 용구이다. 쓰임새에 따라 크기와 모양이 다양한데 한쪽 또는 양쪽 어깨에 맬 수 있다. 꼴을 담는 것을 꼴망태라 한다.
ⓒ 농업박물관.

길거리에 버려서 바람이 조금만 불어도 눈을 뜰 수 없으며, 이것이 이리저리 흩날려서 모든 집의 술과 밥을 불결하게 만든다.

진秦나라에서는 재를 버리는 자를 법에 따라 사형에 처하였다. 비록 그것이 상앙商鞅이 만든 가혹한 법이긴 하지만 그 요지는 농사에 힘쓰라는 뜻인 것이다.

백 묘畝의 땅을 경작하려면 소 두 마리는 길러야 한다. 거기에 수레 한 채도 있어야 한다. 또 수레에는 반드시 상자가 있어야 한다. 상자는 버드나무 가지로 만드는데 큰 광주리만 하다. 상자 안쪽에다 종이를 바르고 유회油灰를 먹여 물이 새지 못하게 만들어야 오줌을 담아 나를 수 있다. 기름이나 술도 모두 이 상자에 싣는다.

대략 한 사람이 하루에 배설하는 똥 · 오줌으로 하루 먹을 곡식은 넉넉히 생산할 수 있다. 따라서 백만 섬의 똥을 버리는 것은 곧 곡식 백만 섬을 버리는 것과 같다.

요즘에 논농사를 하는 자는 막 딴 참나무 잎을 논바닥에 깐다. 그러나 완전히 썩지 않아서, 그 해에는 아무런 효과가 없다. 옛 방법에, 녹두를 심어 그것이 무성해진 후 갈아엎으면 거름보다 낫다는데 그것도 한 방법일 것이다. 오래된 도랑에서 검게 썩은 흙은 거름으로 이용할 만하다. 그러나 그것도 수레를 운행한 다음의 일이다.

뽕나무

근래에 들어 면화가 유행하여 누에치기와 뽕나무 심는 일은
쇠퇴했다. 그러나 뽕은 매우 쉽게 심을 수 있는 작물이다.
가는 붓대만한 가지를 반 자 정도로 끊어서 그 양쪽 끝을 불
에 태운 후 심으면 쑥쑥 자란다. 일 년에 천 포기, 만 포기도
만들 수 있다. 또는 뽕나무 열매를 채소처럼 밭에 바로 심는
방법도 있다. 심은 첫해에는 불로 태우고 그 다음 해에 베어
버리면 줄기가 더부룩하게 나와서서 무성하게 자라는데 그
잎을 따다가 누에에게 먹인다.

중국의 난하灤河 서쪽에는 모래밭이 많다. 그곳을 바라
보면 뽕나무가 끝없이 펼쳐져 있다. 크기는 겨우 사람 키만
하지만 잎사귀가 상당히 윤택하다.

농기구에 대한 여섯 가지 이치

요즘 농기구에 대해 말하는 자들은 "옛날과 지금은 그 쓰
임새가 다르다." 혹은 "남쪽과 북쪽의 농기구 제작 방법이
다르다."고 말한다. 한마디로 말해서 "우리 나라에는 농기
구다운 농기구가 없다."고 할 수 있다. 그러니 예전이나 지
금이나, 남쪽이나 북쪽이나를 논할 것도 없는 것이다.

쟁기와 보습은 너비가 일정해야 밭고랑을 제대로 만들
수 있으며 김매기도 쉽게 할 수 있다. 지금 산골에서는 양날

쟁기를 쓰고 들에서는 외날 쟁기를 쓰는데, 모두 흙을 갈아 일구는 것이다. 그런데 흙을 일군 뒤에는 별다른 농기구가 없다.

규격도 산골마다 다르고 들에서 쓰는 쟁기도 또한 각각 다르다. 봇도랑과 밭두둑도 대강의 짐작으로 만든다. 그래서 밭고랑 한 개를 만들 때 쟁기 세 개의 너비로 만들기도 하고 다섯 개의 너비로 만들기도 한다. 고랑이 넓으면 씨앗을 흩뜨려 뿌리는데, 그렇게 하면 곡식이 어지럽게 늘어서게 되어 잡초를 뽑는 김매기를 할 때 그 힘이 열 배나 든다.

수숫잎같이 자루가 짧은 호미를 언제부터 사용했는지는 알 수 없으나, 김맬 때 보면 왼손으로 싹을 잡고 오른손으로 호미를 잡는다. 등을 구부리고 엉덩이를 깔고 앉아서 포기를 헤아려 북돋아 가면서 풀을 뽑아 나간다. 장정 한 사람이 하루 동안 고생하며 김을 매도 기껏해야 5~6묘畝 정도의 넓이에 불과하다. 예전에는 쟁기로 간 뒤에 작은

호미
논이나 밭을 매는 데에 쓰는 농기구로, 쇠날의 앞이 뾰족하고 위는 넓적하며 목이 휘어 꼬부라져 넘어간 데에 둥근 나무를 박아 자루로 삼는다. 자연적인 조건과 경작 작물에 따라 그 모양이 다르다.
ⓒ 농업박물관.

호미로 획을 그어서
골을 만든 후 씨앗
을 그 가운데에 심었
다. 싹이 나면 자루가 긴 호미로
서서 두둑한 곳의 흙을 그으면서 양 옆의 잡초를 갈라 묻으
면 뿌리는 저절로 북돋게 된다.

고무래는 덩어리를 깨는 연장이다. 쟁기로 밭을 갈면 반
드시 흙덩어리가 생긴다. 그러면 곡식이 무성해지지 못한다.
옛말에 "큰 흙덩어리 밑에는 좋은 곡식이 없다."고 했다.

자루가 긴 호미는 자루 길이만 두 자 반이고 호미 목도
한 자는 된다. 큰 칡잎같이 안쪽으로 굽어져서 서서 긁기에
알맞다.

써레는 논에서 쓰는 것이다. 논을 갈 때에는 물이 출렁거
려서 흙덩어리를 부수기 어렵다. 먼저 한 자 길이의 큰 써래
를 쓴 후 팔八자 모양의 작은 써래를 쓰며, 그 다음에는 쇠써
래를 쓴다. 흙덩어리가 체로 친 밀가루처럼 잘게 부서져 한
줌의 덩어리도 남지 않아야 씨앗을 심을 수 있다. 그런데 요
즘 사람들은 단지 한 가지 써레만 사용해서 물만 한 차례 일
렁거리게 할 뿐이다.

농기구는 서광계徐光啓 *가 저술한 『농정전서農政全書』의 그

고무래
논밭의 흙을 고르거나 씨 뿌
린 곳을 긁어 흙을 덮는 데 쓰
인다.
ⓒ 농업박물관.

서광계(1562~1633) 명明 말기
의 정치가·학자. 천주교 신자
로, 마테오리치로부터 서양과
학을 배웠고, 그와 함께 유클
리드 기하학을 『기하원본幾何
原本(6권)』이란 이름으로 번역
출판하였다. 농학農學 연구에
도 힘써 중국 농서農書를 집대
성한 『농정전서農政全書(60권)』
를 완성하였다.

림을 참고하여 그 중에서 좋은 것을 골라 써야 한다.

요즘 사람들은 옛 관습에 젖어서 관청에서 판매하는 농기구는 사려하지 않는다. 그러나 둔전屯田에서 시험하여 그 성과가 좋으면, 몇 해 지나지 않아 사려는 사람들이 시장에 몰려가듯 모일 것이다.

순舜 임금이 있는 곳은 어느 곳이나 곧 부락이 되고 도시를 이루었다고 한다. 그것은 단지 덕을 베푸는 정치를 했기 때문만은 아니었다. 농사일과 그릇 굽고 물고기 잡는 그 모든 일에 남다른 지혜가 있었기 때문이다. 그래서 마치 물이 아래로 흘러가듯 백성들이 기꺼이 따랐던 것이다.

쇠

중국에서는 쇠를 단련할 때 항상 석탄을 사용한다. 석탄은 화력이 강해서 강철도 충분히 달굴 수 있기 때문이다. 그래서 무기나 농기구가 우리 것에 비해 두 배 정도 견고하고 예리하다. 우리 나라에서 간혹 사들여 오기도 하는데 쓰다가 파손되면 다시 녹여서 제련하지 못한다. 단천端川*과 양근楊根* 지방에서 석탄이 난다고 들었다. 수레바퀴를 만들거나 농기구를 만들 때 사용해야 할 것이다.

단천 함경남도 북동부에 있는 지역. 세계 제 1의 마그네사이트 광산이 있고, 그 밖의 지하 자원도 다양해 '지하박물관' 이라고 불린다.

양근 경기도 양평.

볍씨

송나라 때는 점성도占城稻라는 볍씨를 심고 서리가 오기 전
에 일찍 거두어 들여 흉년을 면할 수 있었다.

지금 중국 북경의 서쪽 산 주변에 있는 논에 심은 것은
모두 강남 지방의 올벼* 종류이다. 중국에 달력을 받으러 갈
때마다 그 종자를 사들여 와서 전파시키면 지금과는 다른
점이 반드시 있을 것이다.

올벼 일찍 익는 벼.

곡식 이름

오늘날 곡식 이름은 모두 방언으로 전해진 것이다. 그래서
남쪽과 북쪽이 다르고 옛날과 지금이 다르다. 같은 물건도
이름이 달라서 구별하기가 점점 힘들다. 박학다식한 자에
게 원래의 단어를 찾아내게 하여 이름을 정하는 것이 마땅
하다.

땅의 이용, 그 두 가지 이치

요즘 사람들은 묵은 밭을 개간하고 밭둑길도 나름대로 이용
하고는, 그만하면 땅을 충분히 이용했다고 생각한다. 그러
나 그 동안에 바로 집 앞에 있는 밭은 이미 척박해졌다는 사

실을 모르고 있다. 그러니 묵은 밭을 개간한들 무엇하며, 봇
도랑과 밭두둑은 손질하지 않고 밭둑길만 이용하면 무엇하
겠는가.

땅만 넓게 차지하면 힘만 들고 성과는 나타나지 않아 농
사일은 더욱 고달퍼진다. 메마른 토지는 둘째치고라도, 가
장 기름진 밭이라는 것도 중국 것과 비교하면 단지 묵은 밭
에 지나지 않는다. 농사일에 원칙이 없기 때문이다.

서울 사람들은 배추* 종자를 매년 북경에서 받아 온다.
그래서 맛이 매우 좋다. 그러나 이것도 삼 년 안에 씨앗을
바꾸지 않으면 무*로 변해 버린다. 더구나 시골에서 심는 것
은 첫 번째 수확에서도 서울 것에 미치지 못한다. 토질이 달
라서 그런 것이 아니다. 서울만큼 거름을 주지 않았기 때문
이다. 모든 곡식이 다 그렇다. 그러므로 중국식 방법을 배운
뒤에야 제대로 변화될 수 있는 것이다.

라복
(범초옥 편 『중국과학기술전적통휘』).

농사에 있어 절대로 피해야 할 것은 탐욕스럽게
많이 경작하려고 넓은 면적만 차지하는 것이다. 옛
날에는 한 농부가 나라로부터 100묘 정도의 땅을
받았다. 이는 사방 100보步 정도의 땅으로 지금의 이
틀갈이도 안 된다. 하지만 부모를 섬기고 처자식을 기
르기에 충분하였다. "최고의 농사는 아홉 사람이 먹을
식량을 생산하는 것이다."고 하는 것은 바로 이를 두고
하는 말이다.

요동 지방의 밭에서는 하루갈이에 좁쌀 50~60섬을 수확

하는데, 땅은 우리의 절반밖에 안 된다. 이것을 보면 곡식 생산은 확실히 사람이 하기 나름이지 땅 때문이 아니다. 개성의 성 안에서는 하루갈이 밭에서 매년 목화 1,000근을 수확하는데 그 값이 400~500냥에 이른다. 또 평양 외성外城에 있는 하루갈이 밭에서는 좁쌀 100섬을 수확하는데 예전의 양과 거의 비슷하다.

논

대체로 한강 북쪽으로는 논이 많지 않다.

신라는 당나라를 본받았다. 신라는 중국 강회江淮 지방의 맞은편에 있었기 때문에 그곳의 논 다루는 법을 배웠던 것이다. 따라서 경상도 사람들이 쌀을 먹게 된 것은 필연적이었다.

한강 북쪽은 고구려 땅이었다. 신라에 통합된 뒤에 남쪽 사람들이 쌀을 먹는 것을 보고 이를 본받았다. 그런데 이는 중국 강회의 풍습을 기후가 맞지 않는 고구려 지역에다 그대로 옮기려고 한 것과 같은 짓이다. 그것이 가능하겠는가. 서울 동쪽 지역에 해마다 흉년이 드는 것 또한 이와 같은 이유다.

물의 이용

물의 이용에 대해 논할 때 "관청의 수레바퀴를 모아 놓았다
가 모두 수차水車로 만들어야 한다."고 한다. 이는 농사일 중
에 한 가지일 뿐이다. 농사란 것이 단지 여기에 의지하는 것
은 아니다. 또 관개할 둑을 쌓는 것도 농사일에 해당하지만
농사하는 방법을 개선하지 않으면 논이 만 경頃이나 있어도
소용없다. 생산량이 늘지 않는 것이 어째서 땅이 적기 때문
이겠는가.

늙은 농부

늙은 농부는 믿을 수 없다. 이들은 아는 것 없이 들에 나가
서 일만 하는 자들이다. 즉 체력에만 의존하는 어리석은 백
성인 것이다. 오줌 그릇이 천 년이나 땅 속에 묻혀 있어도
골동품이 되지 못하는 것과 같다.

그들은 정월 대보름에 달의 높낮이로 그 해의 풍작과 흉
작을 점친다. 결국은 모든 일을 그런 식으로 한다. 또는 이
월 초엿새 날에 앙성昻星의 앞뒤를 살피는데, 그 또한 무슨
소용이 있겠는가. 옛날 사람들이 하던 방법 가운데 '천시天
時를 살피고', '그 땅에 알맞은 곡식 종류를 가리며', '인력
을 다 한다'는 것이 있다. 지혜와 지식이 있는 자로 하여금
이 세 가지 방식에 따르도록 하면 될 뿐이다.

땅에 비해 하천이 낮으면 수차를 만들어서 물을 끌어올린다. 땅에 자갈이 많으면 진흙을 덮어서 비옥하게 한다. 토질이 들뜨고 엉성하면 여러 차례 녹독碌碡으로 갈아 엎는다. 또 높은 지대에 있는 밭이 메마르면 몇 구역으로 나누어서[區田] 물을 대야 한다. 이것이 땅을 가꾸는 대략적인 방법이다.

구전법

밭을 구획하는 구전법九田法*은 이윤伊尹으로부터 시작되었다. 그 당시에 가뭄이 칠 년 동안이나 계속됐지만 백성들이 굶주리지 않았던 것은 이 방법 때문이었다. 이 방법은 토지의 높낮이나 비옥도를 가리지 않으며, 또 언덕이나 비탈, 자갈밭 등에도 모두 적용할 수 있다. 다만 거름 주고 물 대는 것, 밭두둑과 봇도랑을 다듬는 데에 한 치의 어긋남도 없어야 실질적인 효과를 볼 수 있다.

일찍이 이 방법으로 시험삼아 2묘 정도의 밭에 보리를 심어 보았다. 이전에는 7~8말의 보리를 수확했었는데 이때는 5~6섬이나 얻었다. 만약 이 방법대로 정확하게 실행한다면 단지 이 정도의 수확만으로 그치지는 않을 것이다. 더구나 종자도 4 내지 5분의 1로 줄여 사용할 수 있다. 콩, 팥, 목화 등에는 더욱 유리한 방법이다.

금나라의 『사기史記』에 "장종章宗이 동산에서 시험삼아 구

구전법 재배 조건이 좋지 못한 산간 경사지나, 높고 가파른 농지를 적당한 구획으로 나누어 작물을 재배하는 방법. 일종의 휴한제 농경법이다. 구종법區種法이라고도 한다. 씨앗을 파종한 곳만 물을 집중적으로 줌으로써 묵은 밭이나 물이 부족한 고지대의 경사지에서도 경작할 수 있다. 이런 농법은 은殷나라 탕왕湯王 때, 7년간 가뭄이 들자 이윤으로 하여금 창안하게 했다고 한다.

중국 산지 지대에서는 잘 정리된 계단식 밭의 모습을 볼 수 있다.

전법대로 하였더니 다른 밭과 비교하여 훨씬 나았다.”는 기록이 있다.

모내기 이앙법移秧法. 조선 초기에 남부 지방에서 시작됐다. 이로 인해 벼와 보리의 이모작이 가능해 농업 생산량이 크게 늘었다. 그러나 모내기 시기에는 논에 물을 충분히 대주어야 한다. 그래서 수리시설이 충분하지 않으면 가뭄이 들 때 일년 농사를 망치는 경우가 많았다. 이로 인해 국가에서는 한때 모내기를 금하기도 했다. 모내기가 중부 지방까지 확산된 것은 수리시설이 많이 확충된 조선 후기의 일이다.

모내기

벼 모내기*를 법으로 막을 수는 없다. 처음에 이 법이 없었을 때는 상소문을 올려 모내기를 할 수 있도록 청한 자도 있었을 것이다. 어떤 법이든지 오래되면 폐단이 생기지만 결국 이익은 많고 해는 적을 것이다.

씨감자

흉년의 기근에서 벗어나기에는 감자가 제일이다. 마땅히 둔
전관屯田官에게 별도로 심게 해야 한다. 살곶이, 밤섬* 등지
에는 많은 양의 감자를 심을 수 있다. 그리고 백성들이 자
발적으로 심도록 권장하면 실시 첫해에도 수확이 풍성할
것이다.

다만 종자를 옮길 때 습기와 냉해를 피해 주어야 한다.
겨울에는 흙을 담은 단지를 방 안에 들여 놓고 씨감자를 며
칠씩 묻었다 꺼냈다 해야 한다. 조금이라도 방심하면 만 개
의 감자라도 일시에 썩어 버린다.

상업

이런 말을 하는 사람이 있다. "요즘 백성들은 오로지 장사해
서 돈 벌 생각만 한다. 전부 몰아다가 남쪽 들판으로 보내는
것도 농사를 권장하는 한 방법이 될 것이다." 이는 어쩌다
가생賈生*의 『치안책治安策』 중에 나오는 한 구절을 보고 선입
견에서 한 말이다. 상인도 백성 중의 하나이므로 나머지 셋
과 함께 전체를 이루는 것이다. 마땅히 상인의 수가 전체 인
구의 10분의 3을 차지해야 한다.

해안가 백성이 고기잡이를 농사 삼아 하는 것은 두메산
골 사람이 나무하는 것을 농사 삼아 하는 것과 같은 이치이

다. 만약 모든 백성들에게 농사만 짓고 살게 한다면 생업을 잃는 사람들이 늘어날 것이며 농업도 날이 갈수록 더욱 어려워질 것이다.

맹자가 말하기를 "만 가구가 사는 고을에서 오직 한 사람만이 도자기를 만든다면 그것이 옳은 일이겠는가?" 하였다. 우리야말로 오늘날 도자기 만들 사람 하나를 남겨두지 않고 모두 농사만 짓도록 해야 한다는 것인가?

선비의 도태

"과거 시험을 보려는 유생들을 어떻게 걸러낸다는 것이가? 그들의 손을 묶어서라도 물러나게 해야 한다는 것인가?" 하는 물음에는 다음과 같이 답할 수 있다.

"과거를 보려는 선비에게는 소속 사문師門의 책임자가 써준 추천장을 갖추게 한다. 추천장은 그의 글솜씨와 행실이 과거를 보기에 충분하다는 사실을 보증해야 한다. 그런 후 거주지의 담당 관리가 이들 가운데 우수한 자를 선발하여 보내게 한다. 서울에 들어와서도 엄격하게 대조한 후 중간 시험으로 글을 강의하게 하고, 여기서 합격하면 면접 시험을 다시 보게 한다. 이렇게 모두 네 차례의 절차를 겪게 하면 함부로 덤비는 자는 거의 사라지게 될 것이다."

둔전 비용

둔전은 10경頃의 땅을 단위로 하여 소 스무 마리, 수레 열
대, 군인 스무 명이 있어야 한다. 개간해서 씨앗 뿌리는 일
에서부터 절구질하고 키질하여 쌀을 만들기까지, 크게는 수
문·수차 따위와 작게는 보습·고무래·호미·써레·낫·
자귀·풍선·방아·돌방아·연자매·틀고무래 등 모든 것
에 드는 비용은 상당히 많을 것이다.

만약 놀고 있는 땅을 이용하거나, 잠시나마 북거北車라는
수레와 직업군인들을 이용한다면 약간이나마 그 비용을 줄
일 수 있을 것이다. 그러나 「우공禹貢」*편에서도 둔전에 필
요한 경비에 대해서는 따로 언급하지 않았다. 이는 반드시
해야 할 일이면 비록 온 세상이 다 들더라도 시행하지 않을
수 없기 때문이다.

풍선
풍구. 곡물의 쭉정이, 검불 등을 날려 보내는 기구.
(송응성 편 『교정천공개물』).

하천의 준설에 대한 두 가지 이치

불암산은 서울에서 동쪽으로 십 리 거리에 있다. 그 산에서 흐르는 물은 율교 밑을 따라 남쪽으로 석곶방을 지나서 다시 중냉포*로 돌아든다. 중냉포 서쪽은 넓이가 사방 수 리里에 이르는 지역이다. 기록에 따르면 예전에는 그 안에 민간인이 소유하는 밭이 있었다고 한다.

최근 수십 년 동안 매년 여름에 폭우가 쏟아져, 떠밀려 내려온 토사가 점점 무더기로 쌓이게 되었다. 물이 제 길을 잃고 옆으로 넘쳐 흘러서 그 지역은 그대로 허허벌판이 되어 버렸다. 혹 지나가던 사람이 제방을 쌓으려 했다가도 그 일에 드는 공력을 계산해 보고는, 바다를 바라보는 것 같은 아득한 기분으로 돌아서 버린다.

중국에서는 용조龍爪* 등의 기구를 만들어서 황하를 준설했다. 이 기구를 이용해 강의 지류를 트고 물목을 넓혔으며, 물을 땅 속으로 흐르게도 하였다. 우리도 그런 방법으로 하천을 준설하면 제방을 쌓는 것보다 훨씬 쉬울 것이다.

그리고 옛날에 있었다는 밭두둑을 다시 다듬고 밭이랑을 새로 개간하여 그때의 모습으로 복원해야 한다. 그러면 매년 9천 섬의 벼를 수확할 수 있으며, 둔전에도 도움이 될 것이다.

또 물길이 십 리에 걸쳐 막혀 있다 해도 십 리 모두가 다 그렇지는 않을 것이다. 군데군데 막힌 곳이 있기 때문에 옆으로 넘치는 것이다. 따라서 지형의 높낮이에 따라 핵심적

중냉포 서울의 중랑천中浪川인 것 같음. 옛날에 중랑천을 중랑포中浪浦라고도 했다.

용조 하천을 준설하는 데 사용하는 기구인 듯하다.

인 곳을 잘 살펴서 지형에 맞게 물길을 인도하면 된다.

이곳만이 아니다. 한강이나 금강에도 준설할 곳이 많이 있다. 사람들이 이 일을 추진할 생각을 하지 않는 것뿐이다.

물길을 원활하게 소통시키고 강바닥을 준설하는 것은 물이 약간 불었을 때 시행해야 한다. 먼저 최고·최저 수위와 넓이를 측정하고 이를 기록한 푯말을 세워 놓아야 한다.

창고 만들기에 대한 세 가지 이치

창고는 반드시 벽돌을 쌓아서 만들어야 한다. 바닥에는 자갈을 깔아서 화재와 습기 및 쥐에 대비한다. 창고뿐만 아니라 가옥의 벽과 방구들에도 모두 벽돌을 사용해야 한다. 민가가 잘 무너지고 반듯하지 못한 것은 벽돌을 사용하지 않기 때문이다.

중국은 땅 위든 땅 속이든 5~6길이나 되는 건물은 모두 벽돌로 만들었다. 누대·성곽·담 등 높은 것은 물론이고, 교량·분묘·봇도랑·방구들·둑 등 지하 깊숙

「흠정서경도설欽定書經圖說(1905)」의 청 말엽 판본에 수록된 그림의 부분도.
벽돌로 성벽을 쌓는 모습.

한 곳도 이에 해당한다. 마치 온 나라에 벽돌을 입힌 듯하다. 그래서 백성들은 수재나 화재 및 도둑, 그리고 젖어서 썩는 것, 붕괴되는 것 등에 대한 걱정을 하지 않는다. 이것은 모두 벽돌을 사용했기 때문이다.

벽돌의 효과가 이와 같은데도, 동방 수천 리 되는 지역 가운데 오직 우리 나라만이 이를 사용하지 않고 있다. 심지어 그 방법도 찾아보지 않으니, 매우 큰 잘못을 저지르고 있는 것이다. 어떤 사람은, "벽돌은 토질에 영향을 받기 때문에 우리 나라에서는 기와는 돼도 벽돌은 안 된다."고 말한다. 그러나 이는 절대 그렇지 않다. 둥글게 하면 기와가 되고 모나게 하면 벽돌이 되는 것이다.

요즘엔 벽돌을 만드는 자가 가끔 있다. 그러나 참으로 걱정되는 것은 가마를 원칙에 맞게 만들지 않으며, 또 불길을 강하게 할 때도 항상 송진을 사용한다는 점이다. 또한 다 구운 다음에는 가마 꼭대기에 물을 부어야 하는 절묘한 이치를 모르고 있다. 그 때문에 벽돌이 항상 딱딱해져서 회가 제대로 붙지 않는다. 기와 또한 마찬가지다.

배 만들기에 대한 네 가지 이치

중국에서는 배를 만들 때 긴 판자와 짧은 판자를 각각 세로와 가로로 연결하여 사용한다. 그래서 거울같이 평평하며,

또한 반드시 두 겹으로 만든다. 각 틈 사이는 유회油灰와 역청*으로 메워서 단단히 붙인다.

미곡을 배 한가운데에 쏟은 다음, 가로판자로 덮어서 밑은 창고로 사용하고 위에는 판자로 집을 지어서 사람이 사용한다. 혹은 이층집을 꾸미기도 하였는데 그 위에도 물건을 쌓을 수 있게 하였다. 비록 나루터를 오가는 작은 배라도 반드시 난간 같은 가로판자는 있다. 대체로 중국의 배는 장기판 같고 우리의 배는 주사위판 같다고 할 수 있다.

우리 나라는 아직 수레뿐 아니라 배도 충분히 이용하지 못하고 있다. 화물선이나 나룻배를 막론하고 배 한복판은 틈으로 새어드는 물로 항상 가득하다. 배 안에 있는 사람들은 종아리를 걷고 냇물을 건너는 형국이고, 그 물을 퍼내느라 날마다 한 사람의 힘이 허비된다.

곡식을 실을 때마다 나무를 엮어서 바닥에 깔지만 그래도 맨 밑에 있는 곡식은 젖어서 썩지나 않을까 하고 걱정한다. 또한 갑판의 위아래로 사람과 짐칸을 분리하지 않는다. 그래서 사람과 물건 모두를 뱃전의 높이만큼만 태워야 한다.

곡식은 짚으로 만든 가마니에 담고 새끼줄로 묶는다. 따라서 한 섬이 두 섬을 실을 만한 면적을 차지한다. 간혹 지붕이 있는 배도 있으나 너무 짧다. 그래서 비만 오면 배는 빗물을 담는 그릇이 되어 버린다.

배를 대는 언덕에는 다리를 놓지 않아서 여러 사람이 벌거벗고 물에 들어가서 짐을 져 나른다. 심지어 작은 나룻배

역청 넓은 의미로 석유·혈암유頁岩油·천연가스·석탄 및 그것들의 가공물을 말한다. 그러나 일반적인 의미로는 천연의 아스팔트나 그 밖의 탄화수소를 모체로 하는 물질을 가열했을 때 생기는 흑갈색 또는 갈색의 타르 같은 물질을 말한다.

에도 사람을 업어서 태워야 한다. 말은 건너뛰어서 타게 한다. 그런데 뱃전이 문턱처럼 높아서 연결 발판을 걸쳐 놓아야 할 정도이다. 말이 그렇게 높은 곳을 뛰어올라야 하니, 자칫하면 말의 다리가 부러질 지경이다. 그래서 말을 매매할 때, 배를 잘 타는 말인가 아닌가를 따지게 된다. 이것은 모두 가로판자를 갖추지 않았기 때문이다.

만약 중국의 배가 표류하여 바닷가 고을에 닿는다면, 그 배에는 반드시 배 만드는 기술자를 비롯해 많은 기술자가 있을 것이다. 그들이 머무는 동안에 우리의 숙련된 기술자로 하여금 그 배의 모습과 제작 방법 등을 모두 배우게 해야 한다. 그런 후에야 그들이 돌아갈 수 있도록 허가해 주어야 한다.

그런데 간혹 그들 중에는 배를 포기하고 육로로 돌아가는 경우가 있다. 그럴 때 선박 제작법을 배우지 않는 것은 둘째치고, 해당 지방 관리에게 즉시 그 배를 불태워 버리게 한다. 도대체 무슨 이유로 그러는지 모르겠다.

오행이 사라졌다는 의미

기자箕子가 지은 「홍범洪範」*에 "오행五行*을 골진汨陳한다."는 말이 있다. 오행이란 것은 백성들이 생활에 이용하는 것으로서 없어서는 안 될 필수적인 개념이다. 그래서 수水·화

火 · 금金 · 목木 · 토土 · 곡穀을 육부六府라고 한다.

오행을 골진한다는 것은 곧 육부를 다스리지 못한다는 것이다. '골汨'은 어지럽혀서 잃어 버린다는 뜻이고 '진陳'은 늘어놓아 버린다는 뜻이다. 따라서 물이 물 구실을 못하고 불이 불 구실을 못하며, 쇠가 쇠 구실을 못하고 나무가 나무 구실을 못하며 흙이 흙 구실을 못하는 것이다.

우리에겐 천 리나 되는 긴 강이 있으나, 곡식을 빻을 수 있는 수문은 하나도 없다. 물이 있어도 물을 제대로 이용하지 못하는 것이다. 또 석탄을 이용할 강철 용광로를 만들지 못하고 영해寧海 지방의 구리도 녹이지 못한다. 불[火]이 불이 아니고 쇠[金]도 쇠 구실을 못하는 것이다. 그리고 통행하는 데 수레가 없고, 집 짓는 데에 벽돌이 없다. 그래서 목공[木]의 기술이 쇠퇴했고 미장이[土]의 재주는 줄어들었다. 이런 이유로 우리는 오행을 잃어 버리고 결국은 폐기시킨 것이라고 말한 것이다.

번지와 허행

농사짓기를 부끄러워하는 사람들이 걸핏하면 번지樊遲와 허행許行을 핑계로 삼는다. 그러나 성인聖人들은 그 두 사람을 배척하였다. 그들은 농사일의 이면에는 중요한 더 큰 틀이 따로 존재한다는 것을 알지 못했기 때문이다. 그들은 지금 다시 살아난다 해도 역전과力田科에도 합격하지 못할 것

이다. 인원이 부족한 수속도위收粟都尉의 자리에나 겨우 보충
될 수 있을까?

영원한 생명을 얻기 위한 기도

임금은 영원한 생명을 얻기 위해 하늘에 기도하고 수련을 통
해 수명을 연장하려 한다. 이는 흉년을 피하기 위해 농사일
에 힘쓰는 것과 같은 이치이며 또한 서로 통하는 일이다.
　그러나 이 세상에서 나이를 늘리고 수명을 연장하는 데
는 오곡五穀*이 최고다. 곡식이 풍족해져서 백성들이 더욱
오래 살게 하려면, 우선 농사일에 있는 힘을 다 쏟아야 하고
하늘에 기도하는 것은 그 다음에 할 일이다.

농사와 누에치기

우리 나라는 모든 것이 중국만 못하다. 다른 것은 둘째치고
우선 입고 먹는 데 있어서도 그들의 풍족함에는 도저히 따
라가지 못한다.
　중국은 가난한 마을의 작은 집에도 회를 발라 만든 제법
큰 광이 있다. 곡식은 가마니에 담지 않고 광에다 바로 쏟아
넣는데, 광으로 하나 가득 혹은 반 정도 차게 한다. 또는 집
안에 멍석을 깔고 곡식을 마치 큰 종처럼 쌓아 놓았다. 이는

서까래에 닿을 정도로 높아서 곡
식을 내릴 때에는 사다리를
놓아야 한다. 그 양도 많게
는 100섬 가량이며 적은 것
도 20~30섬을 넘는다. 간혹
그런 것이 여러 무더기나 있는
집도 있다.

　우리 나라 영세민들은 모두 먹을 것이 없어, 열 가구가
사는 마을에서 하루에 두 끼니를 먹을 수 있는 사람이 몇 안
된다. 이른바 비상용 음식이라는 것도 그저 옥수수 몇 개와
고추 몇 십 개를 시커멓게 그을음이 낀 부엌 한 구석에 매달
아 놓았을 뿐이다.

　대부분의 중국 사람들은 비단옷을 입는다. 침대에 담요
를 깔고 자고 긴 의자에 앉아서 쉰다. 농부가 소를 몰고 밭
을 갈 때에도 옷을 벗지 않는다. 정강이를 단단히 묶은 신을
신기 때문이다.

　우리 나라의 시골 사람들은 일 년에 무명옷 한 벌도 제대
로 입지 못하고 평생에 침구 구경을 못한다. 짚 멍석을 이부
자리 삼아 그 안에서 자녀를 기르고, 열 살 내외까지는 여름
이고 겨울이고 할 것 없이 벌거벗고 다닌다. 세상 천지에 버
선이나 신발이란 것이 있다는 사실을 모르는 사람들은 아마
이들밖에 없을 것이다.

　중국에서는 변두리에 사는 여자라도 모두 얼굴에 분을
바르고 머리에는 꽃을 꽂는다. 긴 옷에 수놓은 신을 신는데

멍석
주로 곡식을 널어 말리는 데
에 쓰나, 잔치를 치를 때는 접
대용 자리로, 놀이판에서는
윷판으로, 마을의 풍기를 문
란하게 하는 사람에게는 멍석
말이로 처벌하는 도구로 사용
하기도 하였다. 짚으로 새끼
날을 엮어 정방형으로 두껍게
만들었다.
ⓒ 농업박물관.

아주 더운 여름에도 맨발로 다니는 것을 보지 못했다. 우리 나라에서는 도시 소녀들도 가끔 맨발로 다니면서도 부끄러워할 줄 모른다. 어쩌다가 새옷을 입고 나가면 모든 사람들이 빤히 쳐다보며 혹시 창녀가 아닌가 하고 의심을 한다.

중국은 도시와 시골 간에 별 차이가 없다. 강남·오촉·민월과 같이 먼 지방이라도 대도시의 화려한 문물은 오히려 수도 북경보다 뛰어나다. 우리 나라는 서울에서 몇 리만 나가도 풍속에 벌써 시골티가 난다. 이는 입고 먹는 것이 부족하고 물자가 유통되지 않기 때문이다.

학문은 오직 과거에 합격하기 위해 할 뿐이며 풍속은 우리 것만을 고집한다. 따라서 견문이 넓어진다거나 재주와 식견이 개발될 리가 없다. 앞으로도 계속 이러면 문화는 더 이상 발전하지 못하고 제도도 붕괴될 것이다. 또한 인구가 나날이 증가해도 나라는 점점 허약해 질 것이다. 『서경書經』에 "덕을 바로 잡고 쓰임을 이롭게 하여 삶을 넉넉하게 해야 한다[利用厚生]."고 하였으며, 『대학大學』*에서도 "재물을 생산하는 데는 큰 도가 있으니, 신속하게 만들어야 한다."라고 하였다. 신속하게 만들어야 적절한 시기에 이롭게 쓸 수 있다. 삶을 넉넉하게 하기 위해서는 의식衣食이 풍족해야 한다.

그런 까닭에 지금 당장 농사와 누에치는 일에 관계되는 것들을 모조리 개혁해야 한다. 그런 후에야 비로소 중국과 어깨를 나란히 할 수 있는 것이다.

농사란 대체 무엇인가? 농기구와 물대기, 그리고 거름 주는 방법이 서로 맞지 않으면 그것은 농사라고 할 수 없다. 누에치기란 또 무엇인가? 나비를 잡는 법과 기르는 법, 고치 켜는 법과 옷감 짜는 법이 서로 맞지 않으면 우리는 중국과 나란히 할 수가 없다.

지금 우리 나라 사람들 중에 밭 갈고 누에치지 않는 사람이 없다. 그러나 저들은 이미 곡식을 다 빻았는데 우리는 아직도 벼조차 베지 못하고 있으며, 저들이 옷감을 짜고 있을 때 우리는 누에고치에서 실조차 뽑지도 못하고 있다. 저들은 벌써 솜을 타고 있는데 우리는 한 달 후에야 저들과 같게 될 수 있다. 저들이 한창 사냥하고 놀러 다니며 즐길 때 우리는 동산의 과일조차 딸 겨를이 없다. 산에는 나무가 있고 물에는 고기가 있지만 그것을 거둘 겨를이 없는 것이다.

기술이 뒤쳐져도 그에 대한 대책을 마련하지 않는다. 인구의 증가에 비해 국력이 늘어나지 않는 것은 무슨 까닭인가? 중국을 배우려 하지 않는 잘못 때문이다. 물론 지금 갑자기 사람들에게 꽃나무 심기나 가축 기르기, 음악이나 골동품 진열하기처럼 기이하고도 쓸모 없는 것만을 가르친다면 이것은 급한 일이라고 할 수 없다.

풍구

타작한 곡물에 섞여 있는 쭉정이나 검불·먼지 등을 날려 보내는 기구다. 바람개비를 손이나 발로 돌려 통 속으로 흘러 내리는 곡물에 섞인 이물질을 바람으로 날려 보낸다. 박지원이 시험으로 만들었다는 기록이 있다.
ⓒ 농업박물관.

중국인이 매일 사용하는 농기구 중에는 꼭 있어야 할 것
이 10여 가지가 있다. 풍구는 한 사람이 돌려도 절구질한 곡
식 만 석을 어렵지 않게 까부를 수 있다. 돌절구는 만 석의
곡식도 쉽게 빻을 수 있다. 수차는 마른 땅에 물을 대거나
땅에 고인 물을 퍼낼 수 있다. 호종瓠種이라는 바가지를 쓰면
씨 뿌릴 때 발뒤꿈치가 아프지 않다. 서서도 김매기를 할 수
있는 긴 호미를 사용하여 허리를 구부리지 않아도 된다. 곰
방메와 쇠스랑으로 흙덩어리를 깨고 고무래로 씨를 고르게
편다. 잠박蠶箔(누에 발)과 잠망蠶網(누에 그물), 고치 켜는 틀, 베틀
등의 기구로 한 해 동안 생산할 실도 어렵지 않게 다룰 수
있다. 또 씨아로 한 사람이 하루에 80근의 씨를 뽑
으며, 솜트는 활도 이와 마찬가지이다.

우리는 벼를 키질할 때, 한 곳에 모아 놓고 바람
에 날리거나 긴 돗자리의 가운데
를 디디고 서서 그 양끝을 들어
맞두드린다. 이런 방법으로는 몇
사람이 하루 종일 달려들어 일해도
10여 섬밖에 못 한다. 그것도 깨끗
하지 못하기 일쑤다. 또 조나 콩을 심
을 때도 한 움큼씩 뿌려서 씨앗이 엉클어지
고 나중에는 곡식 알갱이마저 상한다.

논두렁 하나를 사이에 두고 한쪽은 물이 많아 걱정이고
다른 한쪽은 말라서 걱정이다. 그런데도 그 물을 서로 적당
히 이용하지 못한다. 바가지로 물을 퍼낼 때도 마치 그네 뛰

는 것처럼 느려서 그 모습이 우스울 정도로 둔하다. 논에 물을 댈 때, 가까운 거리에 있는 물도 반 자도 안 되는 높이까지 끌어올리지 못한다. 대개는 큰 개천을 막아 물이 고이게 한 다음, 그 물이 넘쳐 논으로 흘러 들어가기를 바란다. 그래서 어떤 충격에 둑이 터지면 열 집의 재산이 모두 그 물 속에 잠기고 마는 것이다. 이에 대해서는 마땅히 높은 곳으로 물을 끌어올리는 길고桔槹 · 옥형玉衡 · 용미龍尾 · 통차筒車 같은 수차를 쓰도록 가르쳐야 한다.

방 안 가득히 누에를 기르는 까닭에 발조차 들여놓을 틈이 없어 기왓장을 놓고 디디고 다닌다. 그래서 계집아이가 자칫 발을 잘못 디디면 밟혀 죽는 누에가 발에 가득하다. 이는 누에 발을 천장 높이까지 층층이 달면 열 배 이상의 누에를 기를 수 있고, 방도 여유 있게 쓸 수 있다는 것을 모르기 때문이다. 누에를 옮길 때도 하나 하나 따로 옮겨서 하루 종일 해도 얼마 되지 않는다. 망을 덮고 그 위에 뽕잎을 얹어 주면 모든 누에가 한꺼번에 망 위로 기어

길고
(송응성 편 『교정천공개물』).

누에 고르기
집 안에 잠박이 층층이 달려 있는 것을 볼 수 있다.
(송응성 편 『교정천공개물』).

나오는 줄을 모르고 있는 것이다.

다 자란 누에 하나가 토해내는 실의 양은 매우 일정하다. 그런데 실을 켜는 사람이 처음부터 고치를 헤아리지 않고 제 마음대로 늘였다 줄였다 한다. 그래서 실이 조잡하고 옷감에 털이 생기는 것이다. 실을 켤 때에도 물레를 쓰지 않고 손으로 건져다가 앞에다 쌓아 놓는다. 결국 물기가 합쳐져 엉키어 말라붙게 된다. 여기에 모래를 눌러 놓고 가려내니 시간만 허비할 뿐이다. 그러나 물레를 사용하면 많은 힘을 덜 수 있다. 또 먼 거리에서 갈고리로 건지면 그 동안에 실이 마르게 된다. 따라서 실 색깔이 누렇게 되지 않는다.

베틀은 얽고, 차고, 당기고, 들어올릴 때 많은 힘이 소비된다. 그러나 하루에 옷감 열 자를 짜는 데 불과하다. 그런데 중국 베틀은 의자처럼 편안히 앉아서 발끝

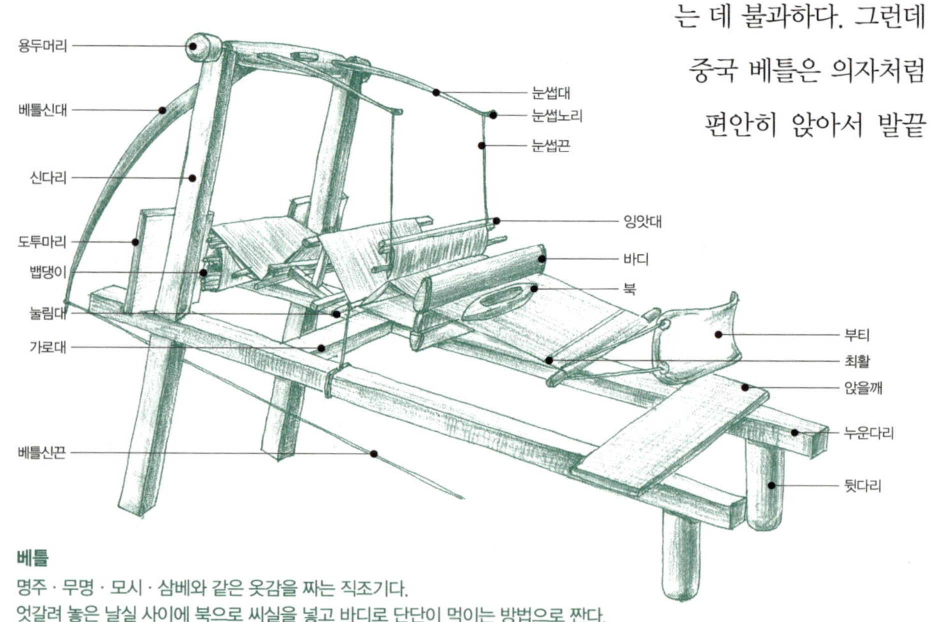

베틀
명주 · 무명 · 모시 · 삼베와 같은 옷감을 짜는 직조기다.
엇갈려 놓은 날실 사이에 북으로 씨실을 넣고 바디로 단단이 먹이는 방법으로 짠다.

만 약간 움직여도 저절로 열렸다가 합치고, 저절로 왔다 갔다 한다. 짜는 양이 우리의 두 배나 되며 사람은 단지 북이 빨라지는 것만을 보고 있으면 된다. 우리는 두 사람이 하루에 목화 4근의 실을 뽑고 한 사람이 4근의 솜을 타는데, 중국 사람들은 하루에 80근을 처리하니 그 차이는 매우 큰 것이다.

위에서 언급한 10여 가지를 한 사람만 사용해도 그로 인한 이익이 열 배인데, 온 나라가 쓴다면 그 이익은 100배나 될 것이다. 이것을 10년 동안 시행한다면 그 이익은 이루 헤아릴 수 없을 정도일 것이다. 그러나 뜻이 있는 자는 늘 힘이 없고, 힘이 있는 자는 늘 때를 얻지 못한다. 정책을 담당하는 자들 중에는 이를 시행하려는 자가 없는 것이다.

사람들은 농사나 누에치는 일이 별로 이익이 되지 않는다는 것을 알고 농사를 떠나 다른 일에 종사한다. 쌀값이 비싸고 옷감이 귀한 것도 다 그 까닭이 있는 것이다. 우리 나라는 이미 오래 전부터 이와 같았다.

나라의 재물

재물을 잘 다루는 사람은 위로는 하늘이 정해준 때를 놓치지 않고 아래로는 땅이 주는 이로움을 잃지 않으며, 그 중간에서는 좋은 사람을 잃지 않는다.

사용하는 도구가 불편하여 남들이 하루 걸리는 것을 나

는 한두 달 정도 걸린다면 이는 하늘의 때를 놓치는 것이다. 농사일을 대충대충 해서 비용에 비해 수확이 적다면 이것은 땅의 이로움을 잃는 것이다. 상인이 대접받지 못하고 놀고 먹는 자들이 계속 늘어나면 이는 사람을 잃는 것이다. 우리가 이 세 가지를 모두 잃게 된 것은 중국을 배우지 않았기 때문이다.

옛날에 신라는 경상도 하나를 가지고, 북으로는 고구려와 맞서고 서로는 백제를 정벌하였다. 당시 당나라의 10만 대군이 여러 해 동안 나라 안에 머물러 있었다. 이때 한 번이라도 그들을 소홀히 대접하거나 군량미를 제대로 조달해 주지 않았다면 신라가 어떻게 되었을지는 알 수 없었을 것이다. 그런데 신라는 여기저기서 조달하여 결국 이를 이루어냈다.

지금 우리 나라는 경상도만한 땅이 여덟 개나 있다. 그런데 평상시에 관리 한 사람에게 주는 녹봉이 쌀 한 섬이 못 된다. 그나마 중국 사신이 한 번 왔다 가면 경비가 모자라 야단이다.

100여 년 동안 평화롭게 지내면서 위로는 외국을 정벌하거나 순행[*]한 적이 없었고, 아래로는 번화하고 사치한 풍속이 없었는데도 나라는 더욱 가난해지고 있다. 이는 무슨 까닭인가?

그 이유는 다음과 같다. 남들은 곡식을 세 줄 심는데 우리는 두 줄밖에 못 심는다. 우리는 사방 1,000리의 땅을 갖고 있으면서도 실제 이용하는 것은 600여 리밖에 안 된다.

또 남들이 하루에 50~60섬의 곡식을 수확할 때 우리는 20
섬밖에 못 거둔다. 이는 사방 600여 리의 땅이 200여 리로
줄어드는 것과 같다. 남들은 갖고 있는 종자의 절반만 뿌리
는데 우리는 모두 뿌려댄다. 이는 일 년을 더 뿌릴 수 있는
종자를 잃는 것이다.

형편이 이런데도 배와 수레, 목축과 가옥, 그리고 기계의
사용법을 폐기시킨 채 다시 마련하려 하지 않는다. 이는 전
국적으로 100배의 이익을 잃어 버리는 것이다. 공간상으로
토지를 기준으로 계산해도 이와 같은데, 시간상으로 100년
동안을 계산한다면 얼마나 많은 이익을 잃는 셈인가? 하늘
과 땅과 사람을 잃었으니 비록 땅이 사방 1,000리라 해도 실
은 100리에 불과한 것이다. 그러므로 신라가 우리보다 100
배나 낫다고 해도 하나도 이상할 것이 없다.

이제라도 경륜이 있고 재주가 있는 선비를 빨리 뽑아, 북
경에 가는 사신들의 통역관 속에 일 년에 열 명씩 넣어서 그
중 한 사람이 인솔하게 해야 한다. 그래서 옛날 질정관質正官
들이 그랬던 것처럼 중국의 제도를 배워 오도록 한다. 또한
각종 기구를 사와 그 기술을 전해야 한다. 그리고 그 모든
것을 온 나라에 알리는 한편, 담당 관청도 만들어 이를 가르
치도록 하고 힘써 시험해 보기도 해야 한다. 그런 후 그들이
배워 온 것이 과연 중요한 것인지 혹은 효과는 있는지를 따
져서 그에 따른 상벌을 주어야 할 것이다. 한 사람이 세 번
씩 중국에 갔다 오게 하되, 세 번을 갔다 와도 효과가 없는
자는 물러나게 하고 새로운 사람을 뽑아야 한다.

이렇게 한다면 십 년 안에 중국의 기술을 모조리 배워 올 수 있게 될 것이다. 그러면 앞서 말한 사방 천 리의 땅도 사방 만 리의 가치를 갖게 될 것이며, 3~4년 걸려야 수확할 수 있는 곡식도 1년이면 얻을 수 있을 것이다. 이러고도 국가의 재정이 부족하고 물자가 넉넉하지 못한 경우는 없다.

그런 후에 모든 사람이 비단옷을 입고, 집집마다 화려하게 장식하며, 사람들이 서로 어울려 즐기기에 여념이 없게 된다면 그들이 사치한들 무슨 걱정이 있겠는가?

예전에 내가 지은 시詩가 두 편 있다.

　　　　신라는 바닷가에 있었네
　　　　나라 전체의 8분의 1이었네
　　　　왼쪽은 고구려가 침략하고
　　　　오른쪽에서는 당나라 군사가 나오네
　　　　창고의 곡식은 스스로 넉넉하여
　　　　군사 먹이는 데 부족하지 않았네
　　　　그 까닭 자세히 살펴보니
　　　　배와 수레를 이용한 것이었네
　　　　배로는 외국과 통할 수 있고
　　　　수레는 말과 나귀 편하게 하네
　　　　이 두 가지를 쓰지 않으면
　　　　관중과 안영＊도 어쩌지 못한다네
　　　　땅을 파서 황금을 얻는다 해도
　　　　만 근의 금만으로는 굶어 죽게 되네

안영(?~B.C. 500) 제齊나라의 정치가. 안자晏子라고도 한다. 근면한 정치가로 국민의 신망이 두터웠고, 같은 제나라의 재상이었던 관중管仲과 비견되는 훌륭한 재상이었다.

바다에 들어가 구슬을 캐내도
구슬 백 섬을 개똥과 바꿀 건가?
개똥은 땅의 거름이라도 되련만
그 구슬 무엇에 쓰리
육지 물건 연경과 통하지 못하고
바다 상인 왜(倭)나라에 가지 못하네
마치 들 가운데 있는 우물 같아서
퍼내지 않으면 저절로 말라 버리네
백성 편안하게 하는 것은 보물에 있지 않으니
삶이 나날이 옹색해질까 걱정되네
검소가 지나치면 백성이 즐길 수 없고
살림살이 지나치면 도둑만 늘어난다네

중국과의 무역

우리 나라는 땅이 작고 백성들이 가난하다. 그래서 열심히 농사를 짓고 능력이 뛰어난 사람들을 쓰며, 상공업을 발전시키는 등 우리가 갖고 있는 모든 힘을 다 쏟아도 만족할 만한 성과를 기대하기는 어렵다.

그러나 지역 간의 생산물 교환이 활발히 이루어지면 여러 가지 생활용품들이 풍족해질 수 있다. 화물도 100대의 수레보다 배 한 척에 싣는 것이 훨씬 많은 양을 수송할 수 있다. 육지로 천 리를 가는 것보다 만 리를 가도 뱃길로 가는 것이 더 편하다. 그래서 상공업의 유통에 있어서는 물길(강·바다)을 중요하게 여기는 것이다.

우리 나라는 삼면이 바다로 둘러싸여 있다. 서쪽으로는 중국 산동 지방까지 직선으로 600여 리이고 남해는 중국 남부 해안 지방과 서로 마주보고 있다. 옛날 송나라의 배가 고려에 올 때, 중국 남부의 명주明州로부터 7일이면 황해도의 예성강에 도착했다. 매우 가깝다고 할 수 있다.

그런데 지난 400년 동안 우리는 다른 나라와 배 한 척도 서로 왕래하지 않았다. 어린아이들은 낯선 손님을 보면 부끄러워 머뭇거리다 울어댄다. 이는 그 본성이 그러해서가 아니다. 다만 그 동안 보아 온 것이 적어 괴상하게 생각하는 것이 많기 때문이다. 마찬가지로 우리가 겁을 잘 내고 의심이 많으며, 기운이 약하고 재주와 식견이 활짝 피지 못하는 것은 바로 이 때문이다.

일찍이 남해에 표류해 온 배 한 척에 노란 차[黃茶]가 가득 실려 있는 것을 보았다. 온 백성들이 10여 년 동안 이를 마셨으나 아직도 남아 있다. 다른 물건도 그러할 것이다. 그러므로 지금은 무명옷을 입고 백지에 글을 쓰더라도 물건이 부족하지만, 무역선이 한 번 들어오기만 하면 비단옷을 입고 고급 종이에 글을 쓰더라도 물건이 남아 돌 것이다.

옛날에 일본이 아직 중국과 교역을 하지 않았을 때에는 우리 나라를 통하여 북경에서 생산되는 면실을 사들였다. 따라서 우리가 그 중간 이익을 취할 수가 있었다. 이제 일본은 그것이 매우 불리하다는 것을 알기 때문에 중국과 직접 교역하고 있다.

일본은 30여 개의 나라와 무역을 하고 있다. 일본인 중에는 중국어를 잘하는 자가 많다. 천태산天台山*이나 안탕산鴈蕩山* 같은 중국의 명산과 그 기이함에 대해서도 능숙하게 설명한다. 그래서 중국의 진귀한 물건과 골동품·서화들이 일본의 장기도長岐島* 항구에 몰려들고 있다. 당연히 우리에게 중간 거래를 요청하지 않아도 된다.

계미년(1763년, 영조39)에 통신사通信士*들이 사절단으로 일본에 갔을 때의 일이다. 우리측 서기書記가 그들에게 혹시 중국산 먹이 있느냐고 물었더니 잠시 후에 그것을 한 짐이나 갖다 주었다고 한다. 또 통신사들이 가는 길에 하루 종일 붉은 융단을 깔아 주었고, 그 이튿날도 마찬가지였다고 한다. 일본인들은 그들 스스로를 이런 식으로 자랑하였던 것이다.

자신의 나라가 부강해지기를 바라지 않는 사람은 없다. 또한 그 방법을 누가 남에게 양보하려 하겠는가? 이제 우리가 배를 이용해 무역을 하고자 한다면 그 대상은 중국밖에 없다. 왜인들은 간사하여 늘 이웃 나라를 엿보고 있고, 월남·오키나와·대만 등은 길이 험하고 멀어서 교통하기가 힘들기 때문이다.

중국은 최근 100여 년 동안 평화가 지속되었다. 그들은 우리가 예의를 잘 지키며 다른 뜻을 품고 있지 않다는 것을 잘 알고 있다. 따라서 중국에게 "이미 일본, 오키나와, 월남 및 서양 나라들도 모두 민閩·절浙·교交·광廣 등 중국의 동남 해안 지방과 무역하고 있으니, 우리도 그들처럼 교역하

천태산 절강성 차태현 북쪽에 있는 산.
안탕산 천태산 남쪽에 있는 산.

장기도 큐슈[九州].

통신사 조선이 일본의 막부에 파견했던 외교 사절.

기를 원한다."고 청하면, 저들은 반드시 허락할 것이며 특별히 다른 걱정은 하지 않을 것이다.

그런 후 우리는 전국의 재주 있는 장인들을 모아 배를 만들되, 중국의 배처럼 견고하고 치밀하게 만들어야 한다. 요즈음 황해도에 정박 중인 황당선은 모두 중국 광녕廣寧의 각화도覺花島에서 온 것인데, 항상 4월에 와서 해삼을 따 가지고 8월에 돌아간다. 어차피 이들을 막지 못할 바에는 그곳에 시장을 만들어 중국인들이 이용할 수 있도록 하는 것이 좋다. 또한 돈을 두둑히 주면서 꾀면 그들에게 배 만드는 법을 배우는 것도 어렵지 않을 것이다.

중국에 갈 때는 예전에 표류해 온 중국인들과 대청도·소청도·흑도[●]의 사람들을 불러모아 바닷길을 안내하도록 한다. 중국의 무역 상인들을 초빙하여 한 해에 10여 척씩 전라도와 충청도의 중간이나 한강 어구에 묵도록 한다. 그리고 해안 방어를 철저히 한다면 달리 걱정할 필요는 없을 것이다.

배에 올라가 거래할 때는 시끄럽게 떠들어대거나, 밀고 당기지 말아야 한다. 멀리서 온 남의 나라 사람들에게 웃음거리가 될 뿐이다. 고려 시대에 그랬던 것처럼 선주를 후히 대접해야 한다. 그러면 우리가 가지 않더라도 그들 스스로 오게 될 것이다.

우리는 그들의 발달된 기술과 풍속을 배워 견문을 넓혀야 한다. 그래야 세상이 넓다는 것과 우물 안 개구리의 부끄러움을 알 수 있다. 그러면 교역을 통해 얻는 이익뿐 아니라 세상의 법도를 밝히는 데도 도움이 될 것이다. 일찍이 토정 이지함은 다른 나라의 상선 여러 척과 교역하여 전라도의 가난을 구하고자 하였다. 실로 탁월한 식견이었다. 『시경詩經』에서는 "우리는 마음을 정할 때마다 옛사람을 생각한다."고 하였다.

만약 지금 당장은 중국 동남 지역과 교역할 수 없다면, 먼저 압록강 건너의 요양遼陽 지방의 배들과 교역하면 된다. 요동과 압록강 사이에는 철산 한 모퉁이가 있을 뿐이다. 거리상으로는 전라도에서 경상도까지 가는 정도이다. 이는 김안국金安國*이 북경 태학太學*에 입학할 수 없으면 요동 학궁學宮에라도 입학하려 했던 것과 같은 이치이다.

다만 중국 배하고만 교역하고 그 밖의 다른 나라와는 통상하지 않는다면, 이는 일시적인 것이지 올바른 방법이 아니다. 국력이 점점 강해지고 사람들의 생업이 안정되면 점차 그들과도 교역해야 한다.

중국에 대한 존대

존주*는 존주고 오랑캐는 오랑캐다. 중국과 오랑캐는 반드시 구분이 있는 법이다. 오랑캐들이 중국을 침략한 적은 있으나 중국의 옛 문화까지 없애 버리지는 않았다.

우리가 명나라를 섬긴 지 200년이 지나 임진왜란이 일어났다. 선조 전하께서 의주로 피난하셨을 때, 중국의 신종* 황제는 군대를 동원하여 왜놈들을 국경 밖으로 몰아냈다. 그때 우리는 중국의 은혜를 입었던 것이다. 그런데 불행하게도 명나라가 청에 의해 멸망하게 되자 청은 중국인의 머리카락을 깎게 하고 자신들의 의복을 입게 하였다. 그 후로 사대부들 중 상당수가 옛날 춘추 시대의 존왕양이尊王攘夷* 의 정신을 내세우게 되었다. 지금까지도 그런 정신은 강하게 남아 있다.

청이 중국을 차지한 지 100여 년이 되었다. 하지만 중국 땅에서는 여전히 중국인의 자녀와 귀족이 태어나고 있다. 집, 배와 수레, 씨 뿌리는 법도 옛날 그대로이다. 그리고 최崔·노盧·왕王·사謝*와 같은 사대부의 씨족들은 아직도 건재하다. 그들 모두를 오랑캐로 여기어 싫어하고, 그 제도마저 버린다면 이는 큰 잘못이다. 성인聖人들은 적어도 사람들에게 도움이 된다면 비록 그 제도가 오랑캐의 것이라 해도 받아들였다. 하물며 중국의 옛 문화를 받아들이자는데 무슨 문제가 있겠는가?

지금의 청나라는 원래 여진족 오랑캐였다. 오랑캐는 중국이 자신들에게 이익이 된다는 것을 알았기 때문에 이를 빼앗아 차지한 것이다. 우리는 중국을 빼앗은 것이 오랑캐라는 것만 알 뿐, 그들이 빼앗은 것이 중국 문화라는 사실은 알지 못한다. 그러니 스스로 나라를 지키기에도 힘이 부족했던 것이다. 이것은 이미 확실하게 겪지 않았는가.

전해오는 말에 의하면, 정축맹약丁丑盟約(1637년, 인조15)* 때에 청나라 임금이 우리 나라 사람들에게 여진족의 옷을 입히려고 하였다. 그때 구왕九王이 말하기를 "조선과 요동의 심양은 매우 가까운 거리입니다. 만약 의복을 통일시킨 채 서로 왕래하게 한다면, 아직 중국을 평정하지 않은 이때에 앞일을 예측할 수 없습니다. 현재의 상태를 유지해야 묶지 않고도 가두어두는 효과를 볼 수 있습니다."라고 하였다. 청나라 임금은 그 말이 맞는다고 생각하여 시행하지 않았다. 우리 입장에서 보면 다행이었지만, 저들의 계획으로는 우리와 중국이 서로 통하지 못하도록 하려는 것에 불과하였다.

옛날에 조趙나라 무령왕武靈王*은 오랑캐 옷으로 갈아입고 동쪽 오랑캐를 크게 물리쳤다. 옛날 영웅들은 반드시 복수할 뜻이 있으면 오랑캐 옷을 입고도 부끄럽게 생각하지 않았던 것이다.

요즘은 내가 현재의 중국 법 중에도 배울 만한 것이 있다고 말하면, 모두들 들고일어나 비웃는다. 평범한 사람이라도 원수를 갚고자 할 때, 그 원수가 예리한 칼을 가지고 있다면 그것을 빼앗으려 할 것이다. 지금 우리는 당당한 왕국으로서 큰 뜻을 세상에 펼치려고 한다. 그런데 중국의 법을 조금도 배우려 하지 않으며 중국의 선비를 한 사람도 사귀려 하지 않는다. 그로 인해 우리 백성들은 노력하고 애쓰는 데 비해 이루는 것이 없고, 가난하고 배고파서 자포자기하게 된다. 중국을 본받으면 100배의 이익을 얻을 수 있는 사실을 잊고 있는 것이다.

　나는 우리가 중국의 오랑캐를 내쫓기는커녕 우리가 갖고 있는 오랑캐 같은 풍속조차도 문명화시키지 못할까 봐 걱정이다. 그러므로 오랑캐를 몰아내고자 한다면 먼저 오랑캐가 누구인지를 알아야 하며, 중국을 존대하고자 한다면 그 나라의 법이 훨씬 훌륭하다는 것을 먼저 알아야 한다. 만약 옛 명나라를 위하여 원수를 갚고 치욕을 씻고자 한다면, 20년 동안 중국을 힘써 배운 후에 그 일을 논해도 늦지 않을 것이다.

박제가

자字 ┃ **차수**次修　**재선**在先　**수기**修其
호號 ┃ **초정**楚亭　**위항도인**葦杭道人　**정유**貞蕤
저서 ┃ 「**명농초고**明農草藁」「**정유시고**貞蕤詩稿」「**유정집**蕤亭集」
결혼 ┃ 이순신의 5대손 이관상李觀祥의 서녀庶女와 결혼, 3남 2녀를 둠.

1750(영조22)　우부승지 박평朴坪의 서자庶子로 태어남.

1776(영조52, 27세)　이덕무李德懋, 유득공柳得恭, 이서구李書九 등과 합작한 시집 「건연집巾衍集」
이 청나라에 소개되어 조선의 시문사대가詩文四大家로 알려짐.

1777(정조1, 28세)　증광시增廣試에 합격.

1778(정조2, 29세)　사은사謝恩使 채제공을 따라 이덕무와 함께 중국을 다녀옴. 돌아와서 「북학
의」「내·외편」 저술.

1779(정조3, 30세)　정조에 의해 이덕무李德懋, 유득공柳得恭, 서리수徐理修와 함께 규장각奎章閣
검서관檢書官으로 발탁되어 14년 동안 근무.

1790(정조14, 41세)　진하사進賀使 황인점黃仁點을 따라 유득공과 함께 중국에 감. 귀국 중에 정
조의 명으로 동지사冬至使로 다시 북경에 감.

1792(정조16, 43세)　부여夫餘 현감縣監이 됨.

1794(정조18, 45세)　춘당대春塘臺 무과武科 별시別試에 장원으로 합격, 오위장五衛將에 임명됨.

1795(정조19, 46세)　영평永平 현감縣監이 됨.

1799(정조23, 50세)　「진북학의進北學議」를 작성하여 상소문으로 올림.

1801(순조1, 52세)　사은사謝恩使, 윤행임尹行恁을 따라 유득공과 함께 중국을 다녀옴. 귀국 후,
동남 성문 밖 흉서凶書 사건에 사돈 윤가기尹可基가 주모자로 지목되면서, 그에 연루되었
다는 무고로 함경도 종성鐘城으로 유배됨.

1805(순조5, 56세)　대비大妃의 특명으로 서울로 돌아옴. 사망.

【 참고문헌 】

박제가 지음, 『북학의(韓國近世社會經濟史料叢書 ; 3. 農書 ; 6)』, 한국학문헌연구소, 1981.

박제가 지음, 『정유집(韓國史料叢書 ; 12)』, 서울 : 국사편찬위원회, 1974.

이익성 옮김, 『북학의』, 서울 : 을유문화사, 1971.

민중서림 편집국 편, 『한한대자전漢韓大字典』, 서울 : 민중서림, 1997.

한국민족문화대백과사전 편찬부 편, 『한국민족문화대백과사전』, 성남 : 한국정신문화연구원, 1991.

범초옥範楚玉 주편, 『中國科學技術典籍通彙, 農學卷(1-5)』, 鄭州 : 河南敎育出版社, 1994.

송응성宋應星 옮김, 『교정천공개물校正/天工開物(中國學術名著 ; 5. 科學名著 ; 2-1)』, 臺北 : 世界書局, 1962.

양가락楊家駱 편차, 『中華大辭典 ; 31-1』, 臺北 : 敎育部 中國文化硏究所, 1957.